Schon als Kind wollte Matthias Onken Reporter werden. Es ist also nur konsequent, dass er für ein Praktikum bei einer Lokalzeitung seinen Studienplatz sausenlässt und sich mit Herz und Seele dem Journalismus verschreibt. Mit Anfang dreißig steigt er vom Polizeireporter zum Chefredakteur auf – seine Arbeitswut kennt keine Grenzen. Wohl aber sein Privatleben: Onkens Ehe scheitert, seinen Sohn sieht er nur noch am Wochenende, Freunde vernachlässigt er. Der wenige Schlaf, der viele Stress, das ungesunde Essen hinterlassen ihre Spuren. Erst als er merkt, dass ihm außer seinem Beruf nicht mehr viel geblieben ist, keimt in ihm der Wunsch nach Ausstieg. Trotz ständiger Erschöpfung und finsterer Gedanken dauert es noch mehrere Jahre, bis der Workaholic mit Ende dreißig die Reißleine zieht. Er kündigt seinen Job für ein neues Leben ohne Konferenz-Marathon, ständige Erreichbarkeit und das bedrückende Gefühl, seine Freiheit der Karriere zu opfern.

Matthias Onken, Jahrgang 1972, arbeitete sechzehn Jahre bei Tageszeitungen. Er war Chefredakteur der *Hamburger Morgenpost* und Redaktionsleiter bei *BILD Hamburg*. Im Sommer 2011 kündigte er seine unbefristete Festanstellung und machte sich selbständig. Mit seiner Agentur *Matthias Onken media* entwickelt er Kommunikationsstrategien für Politiker, Unternehmer, Sportler und Künstler. Der Autor ist geschieden. Er lebt mit seiner Partnerin und seinem zweiten Sohn in Hamburg.

Matthias Onken

Bis nichts mehr ging

Protokoll eines Ausstiegs

Rowohlt Taschenbuch Verlag

Originalausgabe
Veröffentlicht im Rowohlt Taschenbuch Verlag,
Reinbek bei Hamburg, Januar 2013
Copyright © 2013 by Rowohlt Verlag GmbH,
Reinbek bei Hamburg
Umschlaggestaltung ZERO Werbeagentur, München
(Abbildung: Thorsten Wulff)
Satz aus der Swift PostScript (InDesign)
Gesamtherstellung CPI – Clausen & Bosse, Leck
Printed in Germany
ISBN 978 3 499 63000 2

Das für dieses Buch verwendete FSC®-zertifizierte Papier
Lux Cream liefert Stora Enso, Finnland.

INHALT

Ich mach' mein Ding
egal, was die andern labern
UDO LINDENBERG

Für die ☆☆☆ in meinem Leben

TRAUM ☆ Januar 2007

In der Redaktion. Der große Besprechungsraum. Er sieht aus wie bei der Hamburger Morgenpost. *Schräg hinter mir der um Wasser bettelnde Benjamini. Seit Jahren darbt er vor sich hin, weil ihn niemand gießt. Selbst die Putzkolonne beachtet ihn nicht. Meine Hände schwitzen auf der mattschwarzen Tischplatte. Wo der Schweiß trocknet, bleibt ein hässlicher Salzfleck. Solche Konferenztische baut jemand, der noch nie unter Hochspannung an ihnen gesessen hat. Die sechs Kollegen in der Runde kenne ich nicht. Es sind Fremde. Aber ich bin ihr Chef. Gerade ist die Zeilenkonferenz vorbei, in der die Ressortchefs mit mir um den besten Aufmacher für Seite eins ringen. Manchmal drängt sich das Thema für die Schlagzeile auf, dann müssen wir nur noch an der Formulierung feilen. Manchmal verlangt sie eine mühevolle Komposition. So wie heute. Immer wieder haben wir das Thema und die Tonart gewechselt. Doch die Lage ist so dünn, als stünde die Welt still. Keine Top-Nachricht, nichts Exklusives.*

Sackgasse.

Wir brechen ab. Die Laune ist schlecht, die Stimmung gereizt. Ein guter Aufmacher ist wie Doping. Ohne bleiben wir auf der Strecke. Egal jetzt, Hauptsache fertig werden. Irgendwie.

Noch knapp zweieinhalb Stunden bis zur Deadline. Zweieinhalb Stunden. In unserer Situation kaum mehr als ein Wimpernschlag. Vielleicht hat die Polizeiredaktion noch etwas reinbekommen. Schnell fragen.

Schnell.

Ich drücke die Tür des Konferenzraums auf. Stille. Kein Mensch im Flur.

Im Großraumbüro sitzen ein paar gesichtslose Gestalten an ihren Rechnern. Sie blicken nicht auf, starren auf ihre Monitore. Schnell weiter.

Schneller.

Ich nehme die nächsten zwanzig Meter Gang im Laufschritt, stoße rechts die dunkle Bürotür auf. Die Polizeiredaktion: verlassen. Keiner da, nur der Polizeifunk rauscht mir in die Ohren. Und jetzt?

Herzrasen.

Ich schaff das heute nicht. Niemand da, der mir hilft, niemand da, der mich erlöst. Ohne Schlagzeile gibt's morgen keine Zeitung. Hitze knallt mir in den Kopf. Ich fliege die Treppe runter, drei Stufen auf einmal. Zweiter Stock, der Produktionsraum ist leer. Kein Layouter. Kein Redakteur. Kein irgendwer. Nur ich. Und Hitze. Und Panik. Alles hängt an mir. Alles dreht sich ...

Ich zucke aus dem Schlaf hoch. Das Herz rast, die Gedanken galoppieren. Es ist mitten in der Nacht, halb vier sagt mir mein Blick auf die Digitalanzeige meines Weckers. Das Bettlaken ist so feucht, als hätte ich hineingepinkelt. Es riecht nach süßem Schweiß; meine Lippen schmecken salzig. Der Geruch und der Geschmack beruhigen mich, geben mir das Signal, zu Hause zu sein. Der Traum war eine Strapaze, aber: nur ein Traum, alles ist gut, zumindest jetzt gerade. Stand-by statt Laufrad. Der Stress im Job lässt mich selbst im Bett nicht los, verfolgt mich in meinen Träumen, saugt mich aus wie ein lästiger Parasit seinen wehrlosen Wirt. Der Stress ist der Teufel. Und er wird immer teuflischer.

Die nächsten zwei Stunden liege ich schlaflos da. Denke den nahenden Arbeitstag durch, entwerfe einen Themenplan, fahnde nach Aufhängern für Geschichten, texte Zeilen. Doch anstatt mich zu beruhigen, beunruhigt mich das. Ich werde immer nervöser. Der Kopf rattert. Mein Atem geht flach. Ich spüre ein Brummen an den Schläfen, ein Drücken im Bauch, ein Stechen im Rücken.

Viertel nach sieben tapse ich gerädert ins Bad. Mein Herz donnert in der Brust. Ich sorge mich um meinen Körper.

Infarktangst.

Sie bleibt nur einen ehrlichen Augenblick lang. Denn jetzt muss ich funktionieren. Sorgen kann ich mich später noch.

Kurz nach halb neun bin ich in der Redaktion, sitze in meinem Büro. Noch immer wummert es in der Brust. In einem zweiten ehrlichen Augenblick an diesem Morgen frage ich mich: Mute ich mir zu viel zu? Kann man von Stress sterben? Das erscheint mir in meiner Situation nicht weit hergeholt. Ich leck mir eine Pfütze «Notfalltropfen» von der Hand. Manchmal bringen die mich runter. Jetzt immerhin ein bisschen.

Unser Blatt ist heute nur Durchschnitt. Auf meinem Tisch liegen die Zeitungen der Konkurrenz. Ich vergleiche Thema für Thema. Was haben die anderen, laufen wir irgendwo hinterher? Ich werde ruhiger, auch die Konkurrenz ist dünn. Nirgends ein Kracher, alles halb so wild. Erleichtert lehne ich mich zurück.

Als um neun die ersten Kollegen grüßen, habe ich fast gute Laune. Sie vertreibt das diffuse Gefühl nicht, dass der Stress mir nicht guttut; ich spüre, dass ich so nicht ewig weitermachen kann. Ich spüre es und werde trotzdem noch mehr als vier Jahre brauchen, bis ich die Reißleine ziehe. Vier Jahre. Bis nichts mehr geht.

RÜCKBLENDE ☆ 1972–2004

Wenn jemand sagt, er habe eine gute Kindheit gehabt, frage ich mich manchmal, ob auch ich so über meine Kindheit urteilen würde. Normalerweise meint man damit ja, behütet aufgewachsen zu sein. Das bin ich. Meine Eltern waren da, sie waren aufmerksam, mein drei Jahre jüngerer Bruder und ich spielten eine wichtige Rolle im Familienleben. Eine gute Kindheit ist frei von Gewalt und traumatischen Erlebnissen. Soweit ich das erinnere, war meine das auch. Das heißt nicht, dass es keine schlimmen Momente gab, keine seelischen Verletzungen, keine prägenden Tiefpunkte. Ich bin in keinem Paradies groß geworden und war nicht in einen Kokon gebettet. Aber meine Umgebung bot mir alles, was ich liebte.

Bis zur dritten Klasse wohnten wir im Hamburger Westen nahe der Elbe in einer großen Mietswohnung mit weitläufigem Garten. Ein Teil war verwildert mit großen Tannen, Kiefern, buschigen Brombeer- und Stachelbeersträuchern. Dieser Teil war während der ersten Grundschuljahre mein Ein und Alles. Auf dem Weg dorthin habe ich Baustellen eingerichtet, Gruben gegraben, Gehwegplatten an einem Tag aus- und am nächsten wieder eingebuddelt. Ich brauchte immer eine Aufgabe und verfolgte sie mit unheimlicher Energie.

Meine besten Freunde wohnten in der Nachbarschaft, einer gutbürgerlichen Gegend. Die meisten Eltern tickten linksliberal, waren mit der Politik von Bundeskanzler Helmut Schmidt nicht immer einverstanden und demonstrierten am Wochenende auf Fahrrädern vor dem AKW Brokdorf gegen Atomkraft. Wir Kinder protestierten mit, waren Teil einer Bewegung und erlebten die Geburtsstunde der Grünen.

Mit meinen beiden besten Freunden, Fridolin und Axel, bin

ich mit Go-Carts, Rollern oder Rädern durch die Gegend getourt, immer auf Entdeckungsreise. Wir fanden Höhlen, beobachteten Tiere, begegneten Menschen, denen wir die wildesten Geschichten andichteten, fuhren im Kajak auf der Elbe, machten am Rande des Wochenmarkts auf einer Wolldecke einen Flohmarkt und organisierten im Sommer auf dem Schlittenhügel im Park Kämpfe. Unser Mann war Shin, ein aus Südkorea adoptierter Mitschüler, 1980 der einzige Ausländer in unserer Klasse und trotz seiner nur durchschnittlichen Größe bärenstark. Er konnte Judo oder Karate, irgendeine Kampfsportart jedenfalls. Wir ließen Shin gegen die Großmäuler aus den Parallelklassen antreten und wetteten auf ihn. Eine Mark auf Shin. Wir gewannen immer.

Obwohl ich eher schüchtern und gerade im Beisein fremder Menschen oft zurückhaltend war, gab ich in meiner kleinen Clique den Ton an. Ich selbst fühlte mich in dieser Rolle wohl, solange ich nicht drauf angesprochen wurde, sondern unkommentiert losmarschieren konnte.

1981, ich war fast neun, zogen meine Eltern mit uns in den Sommerferien von Hamburg nach München. Damals war ein Ortswechsel des Jobs wegen, im Gegensatz zu heute, die Ausnahme. Meine Eltern taten sich schwer mit Bayern, verstanden die Menschen nicht, was sowohl für die Sprache als auch für die Mentalität galt. Besonders meine Mutter war todunglücklich: Sie war Lehrerin und kam mittags oft weinend nach Hause, wenn ihr die Schüler mal wieder die Hölle heißgemacht, sie wegen ihres norddeutschen Akzents aufgezogen und nicht für voll genommen hatten. Letztlich hat sie sogar ihren Beamtenstatus aufgegeben und eine neue Ausbildung begonnen. Heute ist sie Psychotherapeutin für Kinder und Jugendliche.

Mein Vater war Jurist bei einer Versicherung. Ich hatte selten das Gefühl, dass er morgens gern zur Arbeit geht und abends erfüllt wiederkommt. Er ist «zum Dienst» gegangen, weil es sein musste. Punkt. Wie er mir später mal erzählte, hatte er eigentlich Kinderarzt werden wollen und nur auf Wunsch seiner Eltern eine Banklehre gemacht und Jura studiert.

An einem seiner ersten Tage im Münchener Büro hat er sich bei seinen neuen Kollegen zum Feierabend mit einem hamburgischen *«Tschüs»* verabschiedet. Sie haben ihn strafend angeguckt und ihn belehrt, dass man in Bayern *«Auf Wiederschaun»* sage. Mein Vater hat sich geärgert, aber er hat sich gefügt. Ihm, aber auch meiner Mutter war daran gelegen, nicht allzu sehr aufzufallen. Die Meinung anderer Leute zählte was. Dabei waren meine Eltern selbst immer locker, erzogen meinen Bruder und mich «Laisserfaire». Ich durfte fast immer alles, vor allem in der Pubertät haben sie mich mein Ding machen lassen. Die meisten meiner Freunde hatten strenge Vorgaben, wann sie nach einer Party zu Hause zu sein hatten. Ihre Lernzeiten wurden überwacht. Einer meiner besten Kumpels bekam sogar Stubenarrest, wenn er schlechte Noten mit nach Hause brachte und sich dafür nicht in den Staub schmiss und hoch und heilig sofortige Besserung versprach. Meine Eltern waren da anders. Sie haben bei schlechten Noten nicht geschimpft. Manchmal haben sie mich gefragt, warum ich mich nicht mehr anstrengen würde, ich könne das doch viel besser.

Vermutlich hatten sie aber längst verstanden, dass ich mit meiner Verweigerung – ob bewusst oder unbewusst – gegen ein Schulsystem rebellierte, das aufs Abfragen auswendig gelernten Wissens ausgerichtet war. Pauken, pauken, pauken – darum ging's. Wer am meisten behielt, wurde mit guten Noten belohnt. Einigen fiel das in den Schoß, für mich war's eine Qual.

Spätestens ab der siebten Klasse war das Gymnasium blanker Horror für mich, und ich ging nur hin, um meine Freunde zu sehen. Die meisten Lehrer und Stunden fand ich anstrengend: viel zu viel Theorie, viel zu wenig Leben. Ihre Themen waren mir unglaublich egal. Aber egal durfte einem nichts sein, das wurde bestraft. Die neunte Klasse habe ich wiederholen müssen, zwei Fünfen in Physik und Französisch und eine Sechs in Mathe standen in meinem Zeugnis. Aus Protest hatte ich irgendwann überhaupt nicht mehr gelernt. Erstaunlich, dass ich damit so weit gekommen bin. Ich überlegte, die Schule zu wechseln und Fachabitur zu machen.

Als Kind wollte ich lange Zeit Koch werden. Mit etwa zwölf Sportreporter, dann Polizeipsychologe und als Jugendlicher Politikredakteur. Schon in der achten Klasse schrieb ich Artikel für die Schülerzeitung, gegen den Bau eines Autobahnrings, später dann gegen das Verbot der Teilnahme an Friedensdemos während der Unterrichtszeit, gegen die Anordnung eines Gottesdienstes als schulische Pflichtveranstaltung. «Zum Beten verdonnert» war der Titel. Der Artikel erschien zensiert. Auf die schwarzen Balken war ich stolz. Ich war gern ein bisschen Revoluzzer, oft im Stillen, nur selten laut. Mit einem Freund habe ich Münchens erste Demo gegen den Golfkrieg organisiert. Damals hatte ich hennagefärbte Dreadlocks, trug abgewetzte Jeans mit Schlag, Batikhemden, Palitücher und Lederschnüre am Arm.

Meine Freunde warnten mich vor einem Schulwechsel. Studium und gute Positionen könne ich mir ohne allgemeines Abi abschminken. In der elften Klasse habe ich das Gymnasium trotzdem verlassen und bin an die Fachoberschule für Pädagogik und Psychologie gegangen – frei der Sorge, ich würde mir damit etwas verbauen. Ich nahm mir vor zu beweisen, dass ich es auch so zu etwas bringen würde. Daran habe ich mich erst viel später erinnert. Unbewusst hat es mich vielleicht immer angetrieben.

An der Fachoberschule hatte ich tatsächlich das erste Mal in meinem Leben Spaß am Lernen. Den Abschluss schaffte ich locker.

Mit knapp zwanzig war ich mit der Schule fertig und hatte begriffen, dass ich meinen Weg wohl durch Erprobung gehen und Abzweigungen riskieren würde müssen.

Als ich nach dem Zivildienst Geld verdienen musste, legte sich ein Schalter um: Mit Revolte war offensichtlich kommerziell nicht viel zu holen. Also passte ich mich zumindest äußerlich der Norm an. Ich zog zu Hause aus und wollte von meinen Eltern finanziell unabhängig sein. Auf Empfehlung eines Schulfreunds begann ich bei einer Agentur für Kulturwerbung als Plakatkleber. Die Konzert-Ankündiger von *Prince*, *Take That*, der *Kelly Family* und den *Rolling Stones* habe ich an Bauzäune, Bunkerwände, Tunnelpfeiler gekleistert, manchmal achthundert Stück pro Tour. Fast immer nachts, oft illegal. Pro Plakat bekam ich eine Mark. Ich fand den Job cool, war engagiert und hatte nicht das Gefühl, etwas Anspruchsloses zu tun, im Gegenteil: Er versorgte mich mit Geld und ließ mir dennoch Zeit. Zeit zum Nachdenken über das, was war, und das, was kommen sollte. Ich hatte noch immer vor, Journalist bei einer Zeitung oder beim Fernsehen zu werden.

Nach einem Jahr Plakatieren und Party zog ich zurück nach Hamburg. Meine Geburtsstadt hatte mich die ganzen Münchner Jahre magnetisch angezogen. Ich arbeitete wieder bei einer Agentur für Kulturwerbung als Plakatierer. Mit Burk, einem Freund seit der Grundschule, mit dem ich nach Hamburg gezogen war, wohnte ich zusammen und erkundete die Stadt. Wir hatten oft Besuch von alten Freunden, gingen viel aus, in Kneipen und Techno-Clubs wie das «Front» oder das «Gaswerk». Nach ungefähr einem Jahr zog ich mit Karsten zusammen, einem anderen Schulfreund, der Biochemie studierte. Wir waren weiter im Nachtleben unterwegs, spielten Squash und diskutierten danach in der Sauna über Frauen, Partys und Politik.

Auf ein halbes Dutzend Praktikumsbewerbungen bei den großen Zeitungen Hamburgs hatte ich nur Absagen kassiert. Ich war frustriert, denn mein Traum hatte mich nach wie vor begleitet: Reporter sein. Über große Ereignisse berichten, Nachrichten live erleben, Skandale aufdecken, Einfluss nehmen, wichtige Menschen treffen, fürs Schreiben Geld kriegen. Am besten bei einer Boulevardzeitung. Selbst las ich lieber *Süddeutsche* oder *Spiegel*, aber die plakativen Inszenierungen in *BILD* gefielen mir. Ich guckte sonntags oft den *Presseclub* und freute mich, wenn dort jemand von einer Boulevardzeitung dabei war und meist viel weniger steif und diplomatisch wirkte als die anderen. Viele der Journalisten, die im Fernsehen auftraten, bewunderte ich. Sie motivierten mich, nicht aufzugeben. Ich eröffnete eine neue Bewerbungsrunde und klopfte diesmal auf den Rat eines Bekannten hin nicht gleich bei den namhaften Blättern, sondern bei einer Umlandzeitung an.

Ich war gerade dreiundzwanzig geworden, als ich zwei Tage vor Studiumsbeginn eine Zusage für ein Praktikum bei einer Tageszeitung in einem Hamburger Vorort bekam. Dort war jemand abgesprungen, ich könne praktisch sofort anfangen. Ohne zu zögern ließ ich den Platz an der Uni sausen.

Gleich am zweiten Tag in der Redaktion des *Pinneberger Tageblatts* sollte ich einen Termin für das Lokalressort übernehmen. In einer Kleinstadt drohte die Rotkreuz-Rettungswache aus Kostengründen geschlossen zu werden.

«Hör dir die Pressekonferenz an und schreib auf, was dir wichtig erscheint. Alles andere kriegen wir morgen gemeinsam hin», gab mir die Redakteurin, die sich um mich kümmern sollte, mit auf den Weg.

Mein erster Einsatz als Reporter mit Block, Stift und Kamera! Ich war sehr nervös, versuchte aber, mir nichts anmerken zu lassen, als ich die wütenden Mitarbeiter interviewt und die Verantwortlichen nach ihrer Verantwortung gefragt habe.

Am nächsten Tag wurde mein Thema in der Konferenz als Seitenaufmacher ausgewählt. Mir sackte das Herz in die Hose, ich konnte mich kaum auf die Zusammenfassung meiner Recherchen konzentrieren. Ich hatte keine Ahnung, ob ich es gut oder schlecht machte, doch die Redakteurin war zufrieden. Gemeinsam redigierten wir meinen Text, und ich erfuhr, worauf es beim journalistischen Schreiben ankommt: Die Nachricht gleich am Anfang, Zahlen, Daten, Fakten; dann Hintergründe, Zitate, Gegenstimme, hinten das Unwichtige, das sich bei Platzmangel schnell kürzen lässt. Eine klare, leicht verständliche Beschreibung des Sachverhalts in einfacher Sprache, keine Fremdwörter, keine Schachtelsätze mit mehr als zwei Kommas, keine Kommentierung im Bericht.

Der Text erschien unter meinem vollen Namen. Ich schnitt die Seite aus und war stolz auf meinen ersten Artikel.

Ich durfte weitermachen, wurde auf immer mehr Termine geschickt. Zwei Wochen später setzte ich meinen ersten eigenen Themenvorschlag um: «Halluzinogene Pilze – die Droge von der Kuhweide». Dass ich die Dinger ein halbes Jahr zuvor mit Freunden selbst probiert hatte, sagte ich niemandem. Der Chef der Lokalredaktion erklärte mir, dass die Kunst des Schreibens darin bestünde, aus kleinen Themen große Geschichten zu machen. Wichtig sei es, sich den Themen nicht überheblich, sondern interessiert zu nähern.

«Wenn du das überzeugend beherrschst, wirst du überall bestehen.»

Das brannte sich mir ein. Jahre später habe ich diesen Grundsatz meinen eigenen Volontären gepredigt.

In meinem sechswöchigen Praktikum arbeitete ich wie bescheuert. Morgens ab neun, abends manchmal bis zehn, Montag bis Freitag und oft noch am Wochenende. Jetzt war ich drin im Geschäft. Diese Chance wollte ich unbedingt nutzen. Zur Belohnung wurde ich freier Mitarbeiter, ein halbes Jahr später bekam ich einen Vertrag als Pauschalist. Für den Verlag war das günstiger, als mich für meine vielen Artikel einzeln zu honorieren oder mich ordentlich anzustellen. Weil ich mich darüber zwei Jahre nicht beschwerte, gab mir der Chefredakteur ein Volontariat.

Die Redaktion war klein, viele Kollegen waren schon lange dabei, und ihr Ehrgeiz hielt sich in Grenzen. Somit hatte ich freie Bahn, musste mich nicht mit Neidern herumschlagen oder zum Kräftemessen gegen einen Haufen Konkurrenten antreten. Zu tun gab es genug. Ich bot mich immer an, wenn jemand für einen Sondereinsatz gesucht wurde. Mit der Zeit eignete ich mir einen boulevardesken Schreibstil an. Kurze, knackige Sätze, bilderreiche Sprache, Emotionen und plakative Zitate. Das lag mir. Ab und an rief die Umlandredaktion der BILD an und kaufte eine Geschichte von mir ein, meistens dann, wenn es um Verbrechen ging. Meine Artikel aus der Provinz erschienen in der größten Zeitung Europas!

Ich fing an, alles zu sammeln, was von mir veröffentlicht wurde. Nach drei Jahren füllten meine Artikel einen ausrangierten Koffer. Manchmal setzte ich mich zu Hause hin und las alte Geschichten. Entdeckte ich Fehler, ungelenke Formulierungen oder unverständliche Zusammenhänge, ärgerte ich mich darüber und nahm mir fest vor, es ab sofort noch besser zu machen.

Jens, der Lokalchef, nur fünf Jahre älter als ich, mochte mich. Ich ihn auch. Er war der erste Kollege, an dem ich beobachtete, wie Stress einen Menschen verändert. Sobald es hektisch wurde, etwas nicht wie geplant klappte, ein Mitarbeiter ihn nervte, zeigte Jens Stress-Symptome, begann mit dem rechten Bein zu wippen, manchmal wahnsinnig schnell. Er legte die Stirn in Falten, sah damit mal zornig, mal verärgert, mal verzweifelt aus. Jens trank unheimlich viel Kaffee, und die Abstände, in denen er sich eine Zigarette ansteckte, verkürzten sich, je näher der Redaktionsschluss rückte. Bei ihm zu Hause geriet alles aus den Fugen. Der Kontakt zu seinen beiden Söhnen reduzierte sich, je mehr Verantwortung er bekam, und auch die Beziehung zu seiner Frau steckte in einer dauerhaften Krise. Ich beobachtete ihn und sorgte mich um seine Gesundheit. Jens war nicht mal dreißig und raste mit Highspeed geradewegs auf den Burn-out zu. Den Begriff kannten wir damals zwar noch nicht, aber das Gefühl war: Geht das so weiter, geht bald gar nichts mehr. Ein- oder zweimal sprachen wir über seinen Druck. Mich schreckte das ab, und gleichzeitig faszinierte es mich. Ich glaube, ab diesem Zeitpunkt setzte ich Verantwortung und Entscheidungsmacht mit Stress bis zur Verausgabung gleich.

An einem Freitagabend nahm mich Jens mit in die Runde der Redakteure, die sich einmal im Monat beim Griechen um die Ecke zum gepflegten Absturz mit Bier und Ouzo traf. Ich empfand das als Ritterschlag: Ich war auf bestem Weg, Zeitungsredakteur zu werden. Es gab keinen Zweifel für mich, meinen Traumjob gefunden zu haben. Nun hatte ich eine Bühne, auf der ich das machen durfte, was ich am besten konnte: schreiben.

Von da an gab es nichts, für das ich mich mehr ins Zeug gelegt hätte als für meinen Job. Nie zuvor hatte ich mehr Bestätigung bekommen. Der Kick war enorm. Im Gegensatz zur Bewertung schulischer Tests fühlte ich mich nun nicht mehr für auswendig Gelerntes, sondern für meine eigenen Leistungen gewürdigt. Für meinen Ehrgeiz. Ich wollte immer die großen Geschichten schreiben, gleichzeitig war ich mir für nichts zu schade. Nicht aus Kalkül auf Karriere, sondern weil ich das, was ich tat, großartig fand.

Meine alten Freunde sah ich immer weniger. Die meisten von ihnen studierten noch. Einige saßen überwiegend vor dem Computer oder an der Spielkonsole, kifften und lebten von Nebenjobs und dem Zuschuss ihrer Eltern. Mich langweilte das. Sie fanden mich vermutlich arrogant. Sprach mich einer auf meine Arbeitswut an, reagierte ich herablassend: «So ist das eben, wenn man für sich selbst sorgt.» Mehrere Freundschaften versandeten. Immer seltener ließ ich mich bei den alten Kumpels blicken, selbst mit Karsten spielte ich kaum noch Squash, und Burk, der in Bars arbeitete, sah ich nur noch alle paar Monate. Die Computer-Jungs besuchte ich ab und an, wenn ich das Bedürfnis hatte, aus meiner neuen Arbeitswelt für einen Moment auszubrechen. Ich setzte mich dann mit an den Rechner, rauchte einen Joint, und alles war wie früher: dieselben Themen, derselbe Humor, dieselbe Nähe. Wir hatten die Pubertät gemeinsam durchgemacht – es gibt wohl kaum eine Zeit, die mehr zusammenschweißt. Nichtsdestotrotz wurden auch diese Treffen weniger.

Statt mit meinen alten Freunden traf ich mich nach Feierabend meist mit Kollegen. Wir verbrachten täglich mindestens zehn Stunden in der Redaktion und gingen danach was trinken. Erst jetzt im Nachhinein wird mir bewusst, wie ich auf meine alten Kumpels gewirkt haben muss: besessen. Als Workaholic zu gelten, fand ich cool. Ich liebte meine kleinen Erfolge, den Einfluss, den ich mit meinen Artikeln bekam, und das Gefühl, gebraucht zu werden. Mein Ego machte Sprünge. Warum sollte es da verkehrt sein, was ich tat?

Die alten Freundschaften rückten noch mehr in den Hintergrund, als ich mich 1998 in eine Kollegin aus der Redaktion verliebte. Sie war erst wenige Wochen bei uns, als wir zusammenkamen. Rauschhaft verbrachten wir Tag und Nacht miteinander. Nach sechs Wochen redeten wir übers Heiraten, nach drei Monaten über ein Kind. Vier Wochen später war Alexandra schwanger, als sie im fünften Monat war, feierten wir Hochzeit.

Ein Jahr nach Samys Geburt, im Oktober 2000, wechselte ich in die Großstadt. Die *Hamburger Morgenpost* hatte mir in genau der

Woche ein Angebot gemacht, in der ich angefangen hatte, mich um einen neuen Job nach dem Volontariat zu bemühen. Gern wäre ich direkt zur *BILD* gegangen. Den Redaktionsleiter der Hamburg-Ausgabe kannte ich von der Ausbildungsakademie. Ich schickte ihm eine Bewerbung. Als ich vier Wochen später noch nichts gehört hatte, nahm ich meinen ganzen Mut zusammen und rief ihn an. Er erinnerte sich an mich, konnte mir aber nichts anbieten, es sei keine Stelle in der Lokalredaktion frei. So wurde ich Polizeireporter bei der zweiten Boulevardzeitung am Platze, der *Hamburger Morgenpost*. Ein in den fünfziger Jahren von der SPD gegründetes Blatt, einzige Nicht-*Springer*-Zeitung der Stadt.

Vor dem neuen Job hatte ich Riesenrespekt. Ich stellte mich darauf ein, bei null anzufangen. Alles war viel größer als in der Provinz. Die Auflage sechsmal so hoch, statt aus Elmshorn und Klein Offenseth-Sparrieshop berichtete ich aus der zweitgrößten Metropole Deutschlands. Als Polizeireporter hatte ich schon im Volontariat beim *Pinneberger Tageblatt* gearbeitet. In keinem anderen Ressort lernt man besser zu recherchieren, sich ein Netzwerk aus Informanten aufzubauen und sich im Konkurrenzkampf durchzusetzen. Je härter das Thema wurde, je schneller es gehen musste, je weiter wir die anderen Zeitungen vorn glaubten, desto ehrgeiziger wurde ich.

Ich besorgte Opferfotos von der trauernden Verwandtschaft, fotografierte Tote unter Leichentüchern, zerquetschte Autos, brennende Häuser, verhaftete Zuhälter und gefasste Mörder. Ich schrieb Schicksalsschläge auf, recherchierte im Rotlichtmilieu, traf den angeblichen Paten Hamburgs zum Pizzaessen. Draußen vorm Restaurant saßen zwei Zivilfahnder in ihrem grauen VW Passat und beobachteten uns durchs Fenster. Ich lernte die Macher und Ikonen des Nachtlebens kennen und bin manchmal erst morgens nach Hause gekommen. Wieder arbeitete ich in einem kleinen Team. Kampf um Platz und Themen im Blatt gab es fast nie. Jeder wurde gebraucht. Ich kam mit den meisten Kollegen gut klar. Manche Redaktion gleicht einem Haifischbecken, unsere glich eher einer Großfamilie. Im Nachhinein war ich froh darüber, nicht gleich bei *BILD* gelandet zu sein. Bei der *Mopo* hatte ich die Freiheit zu üben. Meine Artikel hatten nicht die Wirkung wie Geschichten in *BILD*, dafür flog einem auch nicht jeder Fehler, den man machte, um die Ohren. Die interne wie externe Aufmerksamkeit und Kontrolle waren viel geringer. Die Zeitung war mein Trainingscamp.

Von meinem Sohn bekam ich nicht viel mit zu jener Zeit. Meine Frau verstand einerseits meine Begeisterung für die Arbeit, sah meine Chancen und wusste aus eigener Erfahrung das Gefühl von Bestätigung für gelungene Artikel zu schätzen. Andererseits spürte sie, wie ich abdriftete. Zwischen uns öffnete sich eine Schere, zunächst kaum spürbar, dann immer krasser. Sie wollte nach der Elternzeit nicht wieder zurück zum Journalismus, sondern etwas Neues ausprobieren. Ich hingegen konnte mir nichts Besseres vorstellen als Zeitungmachen. Auf unseren kleinen Sohn war ich unglaublich stolz. Ich fand es toll, junger Vater zu sein, und erzählte in der Redaktion oft davon. In der Arbeit half es mitunter, wenn ich bei der Recherche anderen Eltern begegnete und erwähnte, dass auch ich ein Kind habe. Die wenige Zeit, die ich mit Samy verbrachte, waren die friedlichsten und ruhigsten Momente, an die ich mich erinnere. Ich genoss diese Oasen und war trotzdem meist nicht zu Hause. Manchmal hatte ich deshalb ein schlechtes Gewissen. Am heftigsten plagte es mich, wenn ich abends mit Kollegen in der Kneipe saß. Alexandra und ich lebten immer mehr in Parallelwelten. Unsere Beziehung drohte zu scheitern, wenn ich im Job nicht vom Gas gehen würde.

Ich versuchte, einen Kompromiss hinzubekommen. «Morgen

und übermorgen komme ich früh nach Hause und bringe Samy ins Bett, versprochen», sagte ich immer wieder nach Diskussionen über meine Arbeitszeiten. Spätestens am zweiten Tag brach ich mein Versprechen. Mir tat das leid, vor allem für meinen Sohn, den ich kaum sah, allenfalls morgens kurz nach dem Aufstehen. Ab und an brachte ich ihn in den Kindergarten. Abends schlief er jedoch oft schon, wenn ich mich zu Hause blicken ließ. Streit war da programmiert. Dennoch strengte ich mich nicht an, verlässlicher zu werden. Vielleicht war ich da schon bereit, meine Ehe meiner Karriere zu opfern. Bewusst habe ich das nie entschieden, dagegen gestemmt habe ich mich allerdings ebenso wenig.

Kam ich morgens in die Redaktion, blühte ich auf. Ich fehlte nie, auch dann nicht, wenn ich krank war. Selbst mit Fieber ging ich arbeiten. Nachts eine halbe Flasche *Wick MediNait*, morgens drei *Aspirin*, fertig. Gedanken darüber, dass ich damit auf Dauer Raubbau an meinem Körper betrieb, machte ich mir nicht. Ich war jung und da, wo ich sein wollte.

Auch am 12. September 2001 war ich angeschlagen ins Büro gefahren. Wegen 9/11 hatten wir am Vortag bis nach Mitternacht gearbeitet und die Zeitung immer wieder aktualisiert. Nachts hatte ich ein Gefühl, als bekäme ich eine Grippe. Ich fuhr trotzdem ins Büro. Der Tag entwickelte sich zum ereignisreichsten meiner Reporterjahre. Durch Zufall und auf einigen Umwegen hatten wir Wind von einer Spur bekommen, die von den Anschlägen auf das *World Trade Center* in unsere Stadt führte. Polizei und Innenbehörde hatten noch weniger Informationen als wir und hielten sich zurück.

Ich witterte die Geschichte meines Lebens. Sollte sich der Tipp als Nullnummer erweisen, hätten wir dafür zwei Stunden Recherche in den Sand gesetzt. Doch er erwies sich als Volltreffer, und so stand ich mit meinem Fotografen als einer der ersten beiden Journalisten im Haus der Todespiloten von New York. Hamburg-Harburg, Marienstraße 54.

Ein junges Ehepaar öffnete uns die Haustür. Das Namensschild Mohammed Attas am Briefkasten hatte jemand abzukratzen versucht. Mohammed Atta, Marwan Al-Shehhi, Ziad Jarrah. Die Todespiloten. Sie alle waren in der Marienstraße ein und aus gegangen.

Eine Stunde nach unseren Interviews mit den Nachbarn und einem Foto durch den Briefkastenschlitz in die verlassene Wohnung war die Marienstraße abgeriegelt. Polizei, BKA, FBI. Und immer mehr Journalisten aus der ganzen Welt.

Ich bin die nächsten vierundzwanzig Stunden nicht ins Bett gegangen, meine Erkältung war vergessen, das Adrenalin und jede Menge *Aspirin* dämpften die Symptome. Die Möglichkeit zur Recherche rund um die «Hamburger Terrorzelle» war das Größte, was mir als Polizeireporter einer Lokalzeitung passieren konnte. Die *Mopo* war die einzige Zeitung, die am 13. September mit einer Schlagzeile über die Terroristen aus Hamburg-Harburg berichtete. Tags darauf tat es nahezu jedes Medium weltweit. Viele bebilderten ihre Beiträge mit einem Foto unserer Ausgabe. Wir hatten einen Scoop gelandet. Die kleine *Mopo* hatte es allen gezeigt. Bei der Konkurrenz herrschte dicke Luft, wie mir ein befreundeter *BILD*-Reporter erzählte, den ich auf der Straße traf.

In jener Zeit sah ich nahezu jede Doku über das Grauen. Die Reportage der französischen Dokumentarfilmer, die am Tag der Anschläge den Alltag einer Feuerwache in Manhattan begleiten wollten und von der einen auf die andere Sekunde vor der größten beruflichen Herausforderung ihres Lebens standen, beeindruckte mich. Mehrmals guckte ich mir den Film an, der einige Monate nach 9/11 das erste Mal im Fernsehen lief. Ich wollte für meine Artikel ein Gefühl unmittelbarer Nähe zum Unfassbaren bekommen, von dem Wahnsinn, der in meiner Stadt minuziös geplant worden war, ohne dass irgendwer auch nur den Hauch einer Ahnung davon hatte.

Durch Interviews mit ehemaligen Begleitern aus Harburg erfuhr ich viele Details über das Leben der Täter, lernte ihre Wohnung, ihre Uni, ihre Läden, ihre Moschee kennen. Ein Mysterium blieb für mich der Tatort. New York.

Mehr als neun Jahre später sollte die Stadt für mich beruflich noch einmal eine bedeutende Rolle spielen.

Etwa ein Jahr nach den Anschlägen merkte ich, dass ich meinen Job zunehmend als Routine empfand. Ich hatte nach den aufregenden Tagen im September 2001 im Tagesgeschäft kaum noch Feuereifer für ein Thema entwickeln können. Verkehrsunfälle, Bankraube und Schießereien im Kiezmilieu kamen mir im Vergleich geradezu banal vor. Ich wechselte in die Rathausredaktion und wurde landespolitischer Korrespondent. Beruflich war das ein Sprung, der mich wie Koks aufdrehte. Wieder stürzte ich mich in die Arbeit. Tödliches Gift für meine Ehe. Ein weiteres Jahr später war meine Frau drauf und dran, sich von mir zu trennen. Auch wenn ich nicht mit heißem Herzen um sie kämpfte, zu sehr hatten wir uns auseinandergelebt, belastete mich die Situation. Die Vorstellung, meinem Sohn vielleicht schon bald kein Zuhause mit Mama und zumindest ab und an auch Papa unter einem Dach mehr bieten zu können, löste Beklemmungen aus. Alexandra schlug mir vor, unsere zerfahrene Situation mit Mediatoren zu besprechen. Die meisten Versuche, dies allein miteinander hinzukriegen, hatten zu einem Gewitter gegenseitiger Vorwürfe geführt. Ich verstand ihren Vorschlag als letzte Chance und ließ mich darauf ein. Die begleiteten Gespräche zeigten nach wenigen Stunden, dass es keine stabile Basis für ein weiteres Miteinander

mehr gab. Schon bei unserem zweiten Treffen sprachen wir darüber, wie eine Trennung aussehen könnte.

Im Büro wollte ich mir keine «private Krise» nachsagen lassen,
die einen Durchhänger hätte entschuldigen können. Ich wollte,
dass mich die anderen weiter am Limit arbeiten sahen. Volle Pulle,
jeden Tag das Maximale geben. Das gab mir den Kick, mit dem ich
traurige Gedanken an den Murks zu Hause verdrängte – das und
die Tatsache, dass ich kurz darauf wieder zur richtigen Zeit am
richtigen Ort war, als sich einer der größten Skandale der Hamburger Politikgeschichte ereignete. Der bundesweit bekanntge-
wordene Innensenator Ronald Barnabas Schill, den die *Hamburger
Morgenpost* einst «Richter Gnadenlos» getauft hatte, outete den Ersten Bürgermeister Ole von Beust als schwul und dichtete ihm ein
Verhältnis mit seinem Justizsenator an. Von der Pressekonferenz,
in der von Beust den amoklaufenden Schill aus dem Senat warf
und damit die Regierungskoalition platzen ließ, durfte ich berichten. Das erste Interview am nächsten Tag gab Schill mir und meinem Lieblingsfotografen. In solchen Momenten liebte ich meinen
Job noch mehr. Die bedingungslose Bereitschaft, ihm alles andere
unterzuordnen, stellte ich gerade in solchen Momenten kein bisschen in Frage.

Schon die Frage meines Chefs, ob ich nicht ab und an mal länger als nur einen oder zwei Tage freinehmen wolle, erschien mir
deshalb absurd. Pausieren hätte bedeutet, für eine Zeit auf den
Kick zu verzichten. Das wollte ich auf keinen Fall.

Hatte ich einen Tag lang frei, was selten geschah, beschlich
mich die Sorge, ich könne etwas verpassen, eine große Geschichte
könne ohne mich stattfinden. Also ließ ich auch in meiner Freizeit
den Polizeifunk eingeschaltet, nahm meinen Feuerwehr-Pieper
überall mit hin. Er meldete, wenn irgendwo etwas Größeres passiert war.

Um der immer massiveren körperlichen und seelischen Belastung von Beruf und Beziehungschaos standzuhalten, fing ich schließlich an zu laufen. Von einem auf den anderen Tag bin ich losgerannt. Das hat mir den Kopf durchgepustet und mich entlastet, jedes Mal ein bisschen, und es sorgte dafür, dass ich mich ausgeglichener, zufriedener fühlte. Beim Laufen spürte ich die Anspannung und den Druck, unter den ich mich für den Erfolg im Büro setzte, mehr als jemals zuvor. Ich hatte das Gefühl, als müsse ich Knoten lösen, um die Kraft zum Laufen aufzubringen. Als verbiete es mir meine Disziplin, in etwas anderes als die Arbeit Energie zu investieren. Jeder Schritt, den ich lief, befreite mich von dieser Blockade ein bisschen mehr.

Nach vier Monaten habe ich mich durch einen Halbmarathon gequält – wieder war da der Ehrgeiz, wieder Druck, den ich mir selbst machte. Ich brauchte ein Ziel, eine Herausforderung. Nachdem ich mich ihr gestellt, mittendrin fast aufgegeben, dann aber ungeahnte Kräfte mobilisiert hatte, verlor ich den Antrieb weiterzumachen. Ein paar Monate lief ich noch, von Woche zu Woche weniger, irgendwann gar nicht mehr. Ich glaubte, ich bräuchte die Bewegung als Ausgleich nicht mehr. Der Kick des Erfolgs und der Bestätigung blendeten mein Gespür für die Notwendigkeit aus, mir ein Gegengewicht zur Dauerbelastung zu erhalten.

Mit meiner Frau lebte ich inzwischen wie in einer WG. Sie hatte mir ein paar Monate zuvor eröffnet, dass sie in unserer Beziehung keinen Sinn mehr sehe und sie beenden wolle. Dagegen hatte ich kein überzeugendes Argument. Selbst wäre ich diesen Schritt nicht gegangen, zumindest nicht zu diesem Zeitpunkt. Aber ich hatte Alexandra viele gute Gründe geliefert, es ihrerseits zu tun.

Um der oftmals dicken Luft zu Hause zu entkommen, folgte ich meinen Lieblingskollegen fast jeden Abend zum Griechen, einen kräftigen Steinwurf von der Redaktion entfernt. Wir haben uns literweise mittelmäßig gezapftes Pils und Gyros mit Tsatsiki in der Kinderportion reingezwirbelt. In der Küche stand ein Inder, der die griechische Küche auf seine Art interpretierte. Für jedes zweite Bier gab's einen Fusel-Ouzo aufs Haus – Kopfschmerzgarantie inklusive. Auf der Bundeskegelbahn im Keller habe ich nie jemanden kegeln, aber zweimal Kollegen auf Kolleginnen liegen sehen. So etwas passierte, wenn oben jemand etwas zu feiern hatte. Gefeiert haben wir oft.

Mein schlechtes Gewissen saß immer mit am Tisch. Morgens noch hatte ich meiner Frau angekündigt, mich abends früher blickenzulassen und für meinen Sohn nicht nur am Wochenende da zu sein. Ich wollte damit ein Zeichen setzen, dass mir zumindest an ihm noch etwas lag. Spätestens nach dem dritten Bier verschob ich mein Vorhaben auf den nächsten Tag und schickte meiner Frau eine SMS: «Sorry, wird doch später.» Der Gedanke, in der Kollegenrunde etwas zu verpassen, war mächtiger als der Drang, nach Hause zu gehen und mein Versprechen einzulösen.

An Werktagen kam etwa um acht ein Verkäufer mit der Abendausgabe der *Morgenpost* zum Griechen, und wir haben im Blatt nach Fehlern gesucht. Manchmal sind wir nach vier, fünf oder sechs Bieren noch mal in die Redaktion gegangen und haben angezwitschert Artikel umgeschrieben; noch eine Schießerei aus den Abendstunden gegen einen Verkehrsunfall vom Tag getauscht. Das wirkte aktueller. Wir haben Seitenlayouts geändert, Überschriften knackiger getextet. Mit Alkohol im Blut waren wir kreativer als nüchtern, zumindest kam uns das am Abend so vor. Bei der Besprechung der Ausgabe in der Morgenkonferenz am nächsten Tag waren die meisten froh, nur ein paar Änderungen und nicht das ganze Blatt im Brausebrand getextet zu haben. Locker und angetrunken liefen wir viel schneller Gefahr zu überdrehen. Der Spätdienst, für den Alkoholverbot galt, hat uns vor der einen und anderen Gaga-Schlagzeile bewahrt. «Meint ihr das wirklich ernst?», hat er nicht nur einmal gefragt, wenn wir ihm eine neue Überschrift diktierten.

Meine Reporterzeit bescherte mir immer neue Kicks. Die Jagd nach Geschichten, die Recherche, der Wettkampf mit anderen Zeitungen um Exklusivität, bessere Fotos und Informationen drückten mir Adrenalin durch die Blutbahn.

Als Alexandra mit Samy auszog, wurde mir endgültig klar, dass ich mein Leben weitaus mehr für den Job als für meine Familie und meine Freunde lebte. Mit der eingereichten Scheidung befiel mich eine Trauer. Der Traum des Idylls, das wir uns mit unserem Sohn, unserer Liebe, unserem Reihenhaus hatten schaffen wollen, war zerplatzt. Wir waren gescheitert. Ich war traurig, verletzt und wütend auf mich selbst. Und dennoch sah ich das Ehe-Aus für mich auch als Chance: *Jetzt hast du freie Bahn, dich ohne schlechtes Gewissen in die Arbeit zu stürzen.*

Der Gedanke gefiel mir.

AUFSTIEG ☆ 2004

Ob es an meinem Dauereinsatz lag, ich gut genug schreiben konnte oder ob es einfach Fügung war, weiß ich nicht. Jedenfalls bekam ich im Frühjahr 2004 das Angebot, Ressortleiter der Lokalredaktion zu werden. Ich erinnere mich genau an den Moment, als mich der Chefredakteur von unterwegs auf meinem Handy anrief und sich mit mir für drei Tage später zum Mittagessen verabredete.

Ich hatte bereits gehört, dass ich für die Nachfolge des zur *BILD* wechselnden Lokalchefs im Gespräch sei. Also ahnte ich, was kommen würde.

Vor dem Treffen war ich aufgeregt. Ich erinnere mich nicht, ob ich vorher überhaupt mit jemandem außer dem scheidenden Ressortleiter über das Für und Wider des Angebots und über die Folgen gesprochen hatte. Ich glaube nicht. Wie so oft versuchte ich, es wieder einmal mit mir alleine auszumachen. Wobei das in diesem Fall nicht schwer war. Tatsächlich überlegte ich keine Sekunde, ob ich das Jobangebot annehmen würde. Obwohl die leitende Position eine berufliche Zäsur bedeutete: Sie wäre das Ende meines Reporterdaseins, das Ende der überschaubaren Verantwortung, die ich bislang nur für meine eigenen Artikel trug. Für die saubere Recherche aller Mitarbeiter der Lokalredaktion die im Zweifelsfall presserechtliche, zumindest aber die journalistische Verantwortung zu übernehmen, bereitete mir Sorgen. Zwar hatte ich selbst nicht viele Böcke geschossen, aber ein paar üble Fehler waren auch mir schon unterlaufen. Etwa ein Jahr zuvor hatte ich eine gewaltige Ente fabriziert, weil ich einem Aufschneider aufgesessen war. Es war die Knastgeschichte eines ehemaligen Häftlings über seinen angeblichen Zellennachbarn, einen Unterstützer der Harburger Terrorzelle. Ich konnte nur überprüfen, dass der Informant tatsächlich zum fraglichen Zeitpunkt eingesessen hatte, und verließ mich beim Rest auf mein Bauchgefühl. Es hatte mich getäuscht, die Behauptungen waren frei erfunden. Ich wäre beinahe kollabiert, als ich das erfuhr. Nie wieder, schwor ich mir, würde ich eine Geschichte veröffentlichen, die ich nicht gegenchecken konnte.

Was, wenn mir demnächst ein Mitarbeiter unabsichtlich so ein Märchen unterjubeln würde? Ich verbannte den Gedanken und dachte an den Kick, den mir der Aufstieg bescheren würde.

Nachdem der Chefredakteur mir wie vermutet den Job ange-dient und ich zugesagt hatte, fragte ich mich, ob und wie ich in der künftigen Rolle bestehen würde. Dass mir die Leitung des wichtigsten Ressorts der Zeitung frei jeder Skepsis zugetraut wur-de, wunderte mich. Selbst hielt ich mich für noch nicht so reif, ich war erst gut drei Jahre Redakteur. Dass andere es anders sahen, gab mir Sicherheit und Zuversicht. Ich ahnte aber auch: Die Be-lastung, der Stress würden zunehmen. War ich dafür geschaffen, würde ich das aushalten, würde ich mir Auszeiten gönnen? Ich dachte an meine gescheiterte Ehe, an Samy. Würde ich dann über-haupt noch Zeit für ihn haben? Über die Antworten machte ich mir keine Gedanken. Stellten die Chefs meine Neupositionierung nicht in Frage, sollte ich es auch nicht tun.

Mir schmeichelte die Beförderung, gleichzeitig flößte mir der Gedanke, der Belegschaft bald schon sagen zu sollen, wo es lang-gehe, Höllenrespekt ein. Je näher der Tag rückte, an dem ich begin-nen sollte, desto mehr bemühte ich mich, mich nicht verrückt zu machen. Es gelang mir immer weniger.

Werden die gestandenen Redakteure mich akzeptieren?

Kann ich das wirklich?

Was, wenn nicht?

Was, wenn alle es merken?

Wenn sie hinter meinem Rücken über mich lästern?

Wenn ich keine Antworten auf die Fragen meiner Mitarbeiter finde?

Wenn ich falsche Entscheidungen treffe?

Wenn ich keinen Weg finde, meine Leute zu führen?

Soll ich streng sein oder locker?

Lasse ich die Guten machen, nehme ich die Schlechten an die Leine?

Bitte ich, fordere ich, oder ordne ich an?

Mahne ich ab, wenn jemand Mist baut?

Mal so, mal so – je nach Gefühl und Situation?

Auf die Antworten verzichtete ich erneut. Einmal sprach ich mit meinem baldigen Vorgänger darüber. «Mach dir keinen Kopf. Du kannst das, den Rest lernst du, glaub mir.» Ich versuchte es.

Zwar hatte ich mit einunddreißig Jahren bereits einen vierjährigen Sohn, eine Frau (auch wenn sie die Scheidung eingereicht hatte) und ein Mittelreihenhaus. Aber ich fühlte mich nicht so gesettelt, wie es der Rahmen vermuten ließ, im Gegenteil: je wilder eine Party, desto besser gefiel sie mir. Wenn sich die Gelegenheit ergab, rauchte, schluckte oder schniefte ich noch immer gern Verbotenes. Mit Kollegen und Freunden machte ich auf dem Kiez ab und an einen drauf, ohne an den nächsten Morgen zu denken. *War so jemand der Richtige für einen derart verantwortungsvollen Job?*

Schon als Reporter plagten mich in Abständen einiger Wochen Selbstzweifel. Kritisierte mich jemand, nahm ich mir das sehr zu Herzen. Es kam sogar vor, dass ich mich deshalb fragte, ob ich den richtigen Beruf gewählt hatte. Als Chef würde ich weitaus mehr im Fokus stehen, meine Entscheidungen und Fehler hätten eine deutlich größere Tragweite, ich würde viel häufiger kritisiert werden. Ich ahnte, dass mir das zu schaffen machen würde, schob die Gedanken aber beiseite. Die Chance war viel zu aufregend; für ein paar Tage und Nächte überwog die Vorfreude, dann wurde ich wieder unruhig. Noch sechs Wochen bis zum Start.

Vor der ersten Morgenkonferenz, die ich leiten sollte, war ich schrecklich nervös. Ich hatte Angst, dass meine Stimme beben, ich Schweißausbrüche bekommen und mich verhaspeln würde. Ich hatte Angst, dass ich kein Chef sein kann. Erstaunlicherweise ging es irgendwie. Es war kein souveräner Einstand, aber auch keine Katastrophe. Nichts von dem, was ich befürchtet hatte, passierte. Ich hatte den ganzen Tag schwitzige Hände, mir war viel zu warm, ich war unheimlich aufgeregt. Das Adrenalin kitzelte in meinen Adern. Als am Abend mein erster Lokalteil fertig und die Zeitung im Druck war, begann ich dran zu glauben, dass ich es packen würde. Ein kleines Wunder. Warum sollte es sich morgen nicht wiederholen?

Und das tat es. Nach den ersten Wochen hatte ich raus, was das Wichtigste war: Entscheidungsstärke zeigen. Alle paar Minuten kam jemand zu mir, um sich einen Termin, die Zusage für einen Praktikanten, eine Dienstreise, einen Urlaubsantrag, eine Dienstplanänderung, die Recherche eines brisanten Themas, ein Informantenhonorar, die Bestellung eines Kameraobjektivs, eine Fortbildung, Sonderspesen oder die Antwort auf einen wütenden Leserbrief abnicken zu lassen. Alle paar Minuten sollte ich etwas zur Themenplanung sagen, wollte jemand meine Meinung zu einem Seitenlayout oder einem Kommentar hören. Redakteure kamen zu mir, die in ihrer Recherche feststeckten, deren Geschichte geplatzt war oder die etwas gehört hatten, was unbedingt noch ins Blatt musste. Dem Chefreporter gefiel eine von mir redigierte Passage seines Textes nicht, ein Volontär ließ mich wissen, dass seine Informationen die geplante Überschrift nicht bestätigen würden. Jeder kam mit der Erwartung, eine schnelle Antwort zu erhalten. Und alle hatten darauf Anspruch. Egal, ob mir etwas Sinnvolles einfiel, egal, ob ich am Vorabend massiv gefeiert, zu Hause Beziehungsstress hatte oder frisch verknallt und mit meinen Gedanken ganz woanders war, und egal, was der Kollege vor ihm und der Kollege nach ihm von mir wollten.

Entscheidungsstärke. Ich gewöhnte mir an, mehr aus dem Bauch heraus zu entscheiden, den spontanen Impuls aufzunehmen und zur Grundlage meiner Antwort zu machen. Das war die Chance, der Flut von Themen, Anliegen, Bedürfnissen Herr zu werden. Das erhöhte das Risiko einer Fehlentscheidung, aber das war mir lieber, als die Antworten aufzuschieben und damit einen gewaltigen Entscheidungsstau zu verursachen. Und doch passierte es manchmal, dass ich einem Mitarbeiter sagte, ich wisse nicht mehr, wo mir der Kopf stehe. Das war das Bescheuertste, was ich tun konnte. In kürzester Zeit spricht sich das rum. «Überleg dir gut, ob du heute zu ihm gehst, der ist im Vollstress», warnt derjenige die anderen, den ich meinen Druck habe spüren lassen. Das ist an einem einzigen Tag okay, vor allem dann, wenn wirklich mal der Baum brennt. Passiert es häufiger, bekommt der Ruf einen Knacks. Ich habe also trainiert, mir nicht anmerken zu lassen, wenn es mir zu viel wurde. Was bedeutete: den Ärger runterzuschlucken, die Anspannung mit dem Fuß nervös wegzuwippen, die Luft anzuhalten und in Gedanken bis drei zu zählen. Ich hielt das für normal und die Unterdrückung meiner Stress-Symptome für professionell.

Ein Jahr nach meiner ersten Konferenz als Ressortleiter wurde ich stellvertretender Chefredakteur, im Sommer 2006 Chefredakteur. Nun war ich verantwortlich für sechzig Mitarbeiter – Volontäre, Redakteure, Chefreporter, Fotografen, Layouter, Korrektoren, Archivare und Sekretärinnen. Ich war dreiunddreißig und fragte mich erneut, ob das nicht alles viel zu schnell gegangen war.

An meinem ersten Tag als Chefredakteur dachte ich das erste Mal: Ich werde nicht mein ganzes Leben lang Journalist bleiben. Der Druck hatte sich immer weiter erhöht. Alles lag nun an mir. An diesem ersten Tag beschlich mich das Gefühl, als läge der beste Moment in meinem neuen Job bereits hinter mir. Der Moment, in dem ich zugesagt hatte. Unmittelbar danach befiel der Stress meinen Körper, meine Nerven, meine Seele. Die Begeisterung für den Traumjob, den ich ein paar Jahre zuvor gefunden zu haben geglaubt hatte, kannte auf einmal Grenzen. Der Stress wucherte in mir wie ein bösartiges Geschwür. Langsam, aber stetig.

Seit einem knappen halben Jahr leite ich die Redaktion der *Hamburger Morgenpost*. Der Laden läuft, die Selbstzweifel sind geblieben. Nicht wegen der Fehler, die mir unterlaufen. Bislang war keiner so schwerwiegend, dass andere und auch ich selbst ihn mir nicht verziehen hätten – trotz der hohen Ansprüche an mich selbst. Aber ich merke, dass die Verantwortung mich nicht nur fordert, sondern auch belastet. Der Druck lässt mich nicht los. Es gibt kaum noch einen Moment, in dem ich nicht an die Arbeit denke. Versuche ich, mit meinem Sohn zu spielen, bin ich körperlich bei ihm, meine Gedanken sind jedoch im Büro. Nach der Trennung von meiner Frau vor drei Jahren war ich beim Therapeuten, um meine Schuldgefühle für die gescheiterte Ehe in den Griff zu bekommen. Er hat mir gesagt: «Alle Ängste, die Sie als Vater haben, sind für Ihr Kind sichtbar – egal, ob Sie sie offen zeigen oder sie zu unterdrücken versuchen.» Hat er recht, bekommt mein Sohn viel mehr von mir mit, als mir lieb ist. Er ist gerade sechs geworden. Wir sehen uns nur am Wochenende, ab und an auch einen Abend in der Woche. Aber das wird immer mühsamer für mich. Auf den letzten Drücker hole ich ihn ab, wir essen Abendbrot, dann muss er ins Bett. Dass ich voll unter Strom stehe, ein paar Minuten vorher hektisch die Redaktion verlassen habe, im Kopf drei Telefonate und einen Haufen Mails, die ich am Abend noch führen und bearbeiten muss, kann ihm nicht entgehen. Ich bin gereizt, versuche, es zu unterdrücken. Dass er vermutlich längst spürt, wie das schlechte Gewissen auf mir lastet, versuche ich auszublenden. Ich gebe mir Mühe, Samy gegenüber entspannt, interessiert, ihm zugewandt zu wirken. Oft bin ich nichts davon. Mein Kopf fühlt sich an, als würde er gleich zerspringen. Da ist so viel Arbeit drin, dass es mir unglaublich schwerfällt, mich auf mein Kind zu konzentrieren. Ich liebe meinen Sohn, und ich schäme mich dafür, abwesend zu sein. Zeitlich, gedanklich und manchmal auch emotional. *Was denkt Samy über mich? Hält er mich für einen guten Vater? Tut es ihm weh, dass ich so selten präsent bin in seinem Leben?* Ihn zu fragen, traue ich mich nicht.

Auch in meiner ganz, ganz knappen Freizeit bin ich selten bei der Sache. Gehe ich ins Kino, kann ich über den Film hinterher nichts sagen. Mit Leuten, die nicht Kollegen sind, treffe ich mich so gut wie gar nicht mehr. Ich habe an Themen, die nicht mit der Zeitung zu tun haben, kaum mehr Interesse. Als meine mittlerweile geschiedene Frau vor drei Jahren auszog, dauerte es nicht lange, bis ich mit einer Kollegin zusammenkam. Ich konnte – oder vielmehr: ich wollte nicht die Zeit und die Kraft für eine feste Beziehung aufbringen, aber ich konnte auch nicht allein sein. Irgendwie hatte es mich auch beruhigt, dass ich mich noch verlieben konnte. Ich bin ein Workaholic mit der Fähigkeit zu Gefühlen abseits des Jobs! Eine Zeitlang war ich mir dessen nicht mehr so sicher gewesen. Nun kriselt meine neue Beziehung aber schon wieder. Vor allem deshalb, weil ich ständig unter Strom stehe. Ich neide meiner Freundin die Freiheit, sich außerhalb der Arbeit lockermachen zu können. Die Leichtigkeit fehlt mir. Ich bin immer angespannt.

Als ich mich vor zwei Tagen abends auf dem Herrenklo für eine Veranstaltung in der Handelskammer frisch machte, bei der ich Firmenchefs etwas über die Entstehung von Schlagzeilen erzählen sollte, blickte ich in den Spiegel und erschrak. So dunkel hatte ich meine Augenringe noch nie gesehen. Ich erinnere nicht, das Fältchen-Delta rechts und links der Augen zuvor schon mal wahrgenommen zu haben. Die Haut an diesen Stellen schimmert gelbgrünlich, fast wie Veilchen. Die Spuren der letzten Jahre.

Ich spüre die Last, und sie zeigt sich immer deutlicher. Ich wollte diesen Job und will ihn noch immer. Er gibt mir so viel Bestätigung, dass ich ihn nicht hinschmeißen würde.

Jetzt, es ist Freitagabend, sitze ich nach Redaktionsschluss in meinem Big-Boss-Büro und frage mich, ob irgendwann jemand merkt, dass ich vielleicht gar nicht kann, was ich können soll: Chef sein. Ich bin fest davon überzeugt, früher oder später aufzufliegen. Es kommt jemand, der es zu entscheiden hat, und sagt: «Herr Onken, Sie sind ab sofort kein Chef mehr! Sie tun so, als ob, aber Sie haben gar nicht das Zeug dazu.» Ich weiß nicht, wie ich reagieren würde. Wahrscheinlich wäre ich erst betroffen und dann erleichtert. Widersprechen würde ich nicht. Nicht, weil mir keine Argumente zur Verteidigung einfielen, sondern weil ich die Verantwortung los wäre. Ich würde wieder als Reporter arbeiten und mehr Zeit haben zu leben. Ich würde weniger Geld verdienen, aber früher kam ich ja auch klar. Früher, das ist nur drei, vier Jahre her. Da hatte ich noch genügend Zeit, zu Hause Streit anzuzetteln und meine Ehe in den Sand zu setzen.

Wie lange es wohl noch dauern wird, bis mich jemand enttarnt? Als einen, der gar nicht kann, was er ist. Oder: Der gar nicht kann, zu was er gemacht wurde. Je länger ich mir vorstelle, alles zu verlieren, was mich beruflich trägt, desto mehr weicht das Gefühl von Erleichterung einer diffusen Angst. *Wie sehr der Job zu einem Korsett geworden ist.* Ich spüre Hitze aufsteigen. Der Boden scheint nachzugeben.

Diese verdammten Zweifel! Sie befallen mich wie ein Grippevirus, und ich weiß nicht, warum. *Bin ich nicht überzeugt genug von dem, was ich tue oder wie ich's tue? Reflektiere ich zu sehr? Ist das normal, mangelt es mir nur an Abwehrkräften?* Ich gebe mein letztes Hemd für den Job. Andere tun das nicht. Sie halten sich trotzdem auf ihren Posten. Bei manchem Kollegen frage ich mich wirklich, warum er wurde, was er ist. Ob's der neuen Geschäftsführung mit mir genauso geht? In schwachen Momenten, so wie jetzt, bin ich mir da nicht sicher, in starken schließe ich es aus. Von den starken Momenten gibt es zu wenige, das nervt mich. Die Zweifel kosten mich Kraft, sie drücken auf meine Stimmung und zerren an meinen Nerven.

Ich wäre gern glücklich. So wie zu der Zeit, als ich nach dem Volontariat Reporter wurde. Da habe ich einfach drauflosgearbeitet. Meine Artikel wurden im Großen und Ganzen so gedruckt, wie ich sie abgeliefert hatte. Das signalisierte mir jedes Mal: Muss ganz okay gewesen sein. Regelmäßig gab's in Konferenzen Lob von den Chefs. «Geile Geschichte, Matthias!» oder «Man merkt, du hattest Spaß an der Recherche.» Jetzt bin ich es, der loben sollte. Gute Chefs machen das, weil es die Leute motiviert. Mein Gefühl ist: Ich lobe viel. Der Flurfunk funkt: Der lobt immer dieselben. Mich selbst lobt keiner mehr.

Nach einem knappen halben Jahr in der Chefredaktion sitze ich da nun also an meinem schwarzen Schreibtisch, der mir viel zu groß erscheint. Ich blicke aus meinem verglasten Büro in den Redaktionsraum und denke darüber nach, warum ich in diese Position gekommen bin. Da sind mein Ehrgeiz, der Einsatz, die Begeisterung. *Vor allem ist es Zufall und Fügung, dass ich früh in eine Führungsposition gerutscht bin.* Ich habe auf nichts hingearbeitet, was mit Karriere zu tun hatte. Das, was kommen könnte, sah ich immer locker.

Seit ich vor zwei Jahren Ressortleiter wurde, habe ich diese unverkrampfte Einstellung scheibchenweise verloren. Jetzt bin ich ernster, angespannter, empfinde schon eine kleine Niederlage im täglichen Wettbewerb mit der Konkurrenz als persönlichen Rückschlag. Ich wandle mich zu einem Typen, der mir oft nicht mehr geheuer ist. Es gibt mehr Tage, an denen ich mich nicht leiden kann, als Tage, an denen ich überzeugt von mir bin. Der, zu dem ich werde, gefällt mir viel weniger als der, der ich war.

Ich beruhige mich damit, dass ich bei den meisten Mitarbeitern akzeptiert bin. Immerhin hat mir noch keiner ins Gewissen geredet: «Hey, Matthias, du entwickelst dich nicht zum Besseren. Pass mal auf, dass du nicht zum Vollarsch wirst, bist auf dem besten Weg dahin!» Und selbst wenn es so wäre, würden sie sich wahrscheinlich nicht trauen, es mir gegenüber laut auszusprechen.

Tatsächlich geben mir eine Menge Leute das Gefühl, ein toller Hecht zu sein. Einige tun es offensichtlich deswegen, weil sie glauben, dass es ihnen weiterhelfen könnte. Ihre wirkliche Meinung über mich ist vielleicht eine ganz andere. Deshalb versuche ich, mich nicht beeindrucken zu lassen. Denn: Kaum einer hat in Wahrheit einen Grund dazu, mich für einen Supertypen zu halten. Ich bin derjenige, der schon morgen eine unangenehme Entscheidung treffen könnte. Kein Mitarbeiter wird mir gegenüber also so ehrlich auftreten, wie er das Kollegen gegenüber täte. Ich bin kein Buddy, ich bin «der da oben». Wer sich an mich wendet, erhofft sich etwas, will etwas, erwartet etwas.

Wenn ich früher in der Ausbildung und später als Redakteur Kollegen außerhalb des Büros getroffen habe, waren die Begegnungen nichts Außergewöhnliches. Ich mochte den anderen oder mochte ihn nicht. Davon hing ab, ob ich mich mit ihm unterhalten habe oder nur kurz grüßte und weitergegangen bin. Begegne ich heute als Chef einem Mitarbeiter, merke ich sofort, dass sich etwas geändert hat. Er zögert, bevor er mich anspricht. Meist wartet er ab, was ich tue. So eine Begegnung ist seltsam: Ich bin privat unterwegs, der Mitarbeiter ist es auch. Wir tragen nicht unsere Arbeitsuniform, sondern schlendern leger in Kapuzenpulli, Jeans und Turnschuhen durch die Straßen. Ich hoffe, ich wirke im Büro nicht viel anders als auf der Straße. Es liegt mir fern, mich im Job zu verstellen. Ich möchte bei der Arbeit kein anderer Mensch sein, als ich es privat bin. Beherrschter vielleicht, förmlicher – sonst hoffe ich, derselbe zu sein. Möglich, *sogar wahrscheinlich*, dass die Wahrnehmung meiner Mitarbeiter eine andere ist.

FLURFUNK ☆ Dezember 2006

Es ist nachmittags, etwa halb fünf. Die Produktion der Zeitung läuft auf Hochtouren. Der alte Hase aus der Polizeiredaktion ruft an und fragt, ob er mit mir reden könne. Wir treffen uns in meinem Büro, ich schließe die Tür. Er macht ein bedeutungsvolles Gesicht, ich werde unruhig.

«Es hat sich jemand beschwert über dich. Du kannst dir wahrscheinlich vorstellen, wer.»

Kann ich.

«Sie sagt, du seist ungerecht zu ihr gewesen, hättest sie hart kritisiert, dein Tonfall sei heftig gewesen.»

Der alte Hase fragt mich nicht, ob das stimmt. Es würde so wirken, als sei er mein Chef und nicht umgekehrt. Er möchte nicht den Eindruck erwecken, mich zur Rede zu stellen. Er will mir signalisieren, dass ich aufpassen soll, meinen Kredit nicht zu verspielen. Vermutlich will er mir auch signalisieren, dass er viel mitbekommt – mehr als ich. Das ist okay. Zumindest, wenn er mir die wichtigen Infos gleich steckt.

Wir kennen uns sehr gut, wir vertrauen uns. Als ich vor sechs Jahren bei der *Morgenpost* anfing, war der alte Hase in der Polizeiredaktion mein direkter Chef. Von ihm habe ich viel gelernt.

Konsequente, hartnäckige Recherche. Kampfgeist im Wettbewerb. Informanten gewinnen. Und das Gespür für Themen, die auf der Straße liegen.

«Du solltest aufpassen, dass sich da keine Stimmung gegen dich entwickelt», sagt er.

Mir wird warm. Ich erinnere mich an die Situation mit der Kollegin. Sie hatte eine schwache Phase, und wir hingen der Konkurrenz bei ihren Themen hinterher. Das nervte mich. Ich habe es eine Zeitlang beobachtet und mich im Stillen geärgert. In der Diskussion über die Ausrichtung eines Leitartikels empfand ich sie überheblich. Da habe ich die Nachrichten, die an ihr vorbeigegangen waren, aufgezählt und sie gefragt, wann wir denn mal wieder zum Zug kämen. Sie guckte mich vorwurfsvoll an, setzte an, sich zu erklären. Das wollte ich nicht hören und schnitt ihr das Wort ab. «Lass uns darüber nicht diskutieren. Ich erwarte, dass du dich mehr reinhängst, oder es macht jemand anders.»

Schon als ich das sagte, merkte ich, wie unsouverän ich mich verhielt. Ich konnte es nicht ändern, der aufgestaute Ärger musste raus. Vor mir selbst rechtfertigte ich meine undiplomatische Art damit, dass die Mitarbeiterin mich provoziert hatte. *Soll sie mir doch nicht auch noch so schnippisch kommen, wenn bei ihr schon Ebbe herrscht.*

Als der alte Hase mir von ihrer Beschwerde erzählt, steigt Wut auf. Es fällt mir schwer, Fassung zu wahren. *Nicht ich sitze am längeren Hebel, sondern die Belegschaft.* Sagt jemand, ich habe ihn unfair behandelt, ist ihm die Solidarität der Kollegen sicher.

Ein paar Monate vor meiner Ernennung zum Ressortleiter hatte ich heftigen Streit mit einer älteren Kollegin. Sie hatte eine arrogante Art, war in meinen Augen eine routinierte, aber keine gute Journalistin. Wir haben uns in Rage gezankt, und ich habe mich hinreißen lassen, sie übel zu beleidigen – mitten in der Redaktion. Ein paar Kollegen haben sich darüber gefreut, die meisten waren

entsetzt, alle trauen mir seit diesem Vorfall neue verbale Ausset-
zer zu.

Ich versuche, meine Gefühle in den Griff zu bekommen. *Du wolltest Chef sein, jetzt sei es auch!* Der alte Hase sitzt mir gegenüber, wechselt seine *Cola light*-Flasche, die er im Büro überall dabeihat, von der linken in die rechte Hand und guckt mich an. Ich sollte dankbar sein, dass er so offen zu mir ist.

«Baut sich da eine Anti-Stimmung gegen mich auf, ohne dass ich es mitbekommen habe?», frage ich.

«Nein», sagt er, «ich denke nicht, dass du dir Sorgen machen musst. Versuch, nachsichtiger zu sein.»

Ich erkläre ihm nun doch, warum ich der Kollegin gesagt habe, dass es nicht gut läuft bei ihr und sie sich mehr anstrengen soll. Der alte Hase stimmt mir zu.

«Du solltest manche Leute trotzdem nicht zu hart kritisieren.»

Noch Wochen später denke ich an das Gespräch. Keinen kratzt es, was mich umtreibt: dass in der Zeilenkonferenz keine Schlagzeile in Sicht ist, dass die beste Geschichte des Tages abends oft nicht das hält, was sie morgens versprochen hat, dass ich noch mal fünf Prozent aus dem zusammengestauchten Redaktionsetat einsparen soll, dass wir bald eine Sonntagsausgabe herausbringen, dafür aber keine neuen Leute bekommen, dass drei, vier Bremsklötze Stellen blockieren, die ich sofort mit jeweils zwei Volontären besetzen könnte. Ich bin nicht gut darin, mit dem Druck der Verantwortung für die Lösung der Probleme locker umzugehen. Ich spüre den Druck und werde ihn nicht los, egal, wo ich bin und was ich gerade mache.

Ich wäre gern jemand, über den alle sagen, er mache einen guten Job. Als freundlich, cool und lässig möchte ich gelten. Als jemand, der seine Mitarbeiter versteht, sich nicht über sie erhebt, einer, mit dem man reden kann und der einen motiviert. Dass jemand von seinem Chef wegen dessen tollen Ideen oder kreativen Projekten schwärmt, habe ich noch nie gehört. Chefs sind beliebt, wenn sie fördern, fordern, nicht aus der Haut fahren und rücksichtsvoll mit ihren Leuten umgehen. Das Ideal. *So wäre ich gern.* Nach dem Gespräch mit dem alten Hasen ist mir klar, wie weit ich davon entfernt bin. Die Einsicht ist ein Schlag ins Kontor. Mehr als ich dachte, bin ich abhängig von der Meinung meiner Mitarbeiter. Sehnsüchtig nach Anerkennung. Das zieht sich durch mein Leben. Was andere von mir dachten und über mich sagten, ging mir nah. Kritik konnte ich nie gut ertragen. Zu gern würde ich sie wie einen Fußball abprallen lassen, der gegen ein Garagentor knallt. Doch sie trifft mich wuchtig. Auch von Leuten, die ich selbst nicht besonders schätze, mit denen die Chemie nicht stimmt. Nur bei ganz wenigen ist es mir egal, was sie von mir halten. Manchmal sage ich: «Nicht jeder Mitarbeiter soll nach Feierabend mit mir Bier trinken wollen.» Das ist die Realitätsdenke. Tatsächlich hätte ich nichts dagegen, würden alle meine Nähe suchen, die mir wichtig sind. Das ist der Liebt-mich-Wunsch. Ablehnung fürchte ich. Die Furcht stresst mich.

Auch aus Kindheits- und Jugendtagen erinnere ich jede Menge Stress-Situationen: erster Tag in einer neuen Klasse, Aufsagen von Gedichten, Vorrechnen an der Tafel, Notenabnahme am Reck, Angabe beim Volleyball, nackt ausziehen beim Schulschwimmen, Vokabeltest in Latein, Theaterspielen beim Projekttag, Bezahlen vor einer langen Schlange an der Supermarktkasse, heimlich rauchen auf dem Schulhof, erster Engtanz auf einer Fete, Pornohefthandel unterm Schultisch während des Geschichtsunterrichts, erstes Petting, erster Joint.

Solange ich mich erinnern kann, reagiere ich in stressigen Situationen schon immer so: Mir wird heiß, das Blut rauscht mir in Kopf und Brust. Kommt es besonders heftig, werden Arme und

Beine kalt, mir wird schummrig, der Atem verflacht, mein Herz pumpt. Trotz der körperlichen Symptome bin ich gut darin, meinen Stress zu kaschieren. In den letzten Monaten haben mir mehrere Kollegen gesagt: «Du wirkst so sicher, so locker, als würde dir die ganze Arbeit gar nichts anhaben.» Mich hat das überrascht. Einmal habe ich geantwortet: «Das ist Blödsinn, ich habe oft das Gefühl, ich müsste jeden Moment explodieren.»

Du reflektierst zu viel! Reflexion ist Gift für meine Konzentration. Schon morgens in der Konferenz bin ich mit den Gedanken oft abwesend. Trägt ein Ressortleiter lattenweise unspektakuläre Themenvorschläge vor, kann ich kaum folgen. Ich habe mir angewöhnt, in den ersten Sekunden zu entscheiden, ob die Information für mich relevant ist oder nicht. Würde ich mir alles mit derselben Aufmerksamkeit anhören, wäre mein Kopf mittags knallvoll, und ich hätte das Gefühl, er müsse platzen.

Gut sind die Tage, an denen was Außergewöhnliches passiert. Große Nachrichten. Ein Unglück, ein Rücktritt, eine Regierungskrise, eine Wahl, Sieg bei einer WM, starke Exklusiv-Geschichten. Die ganze Redaktion ist dann unter Anspannung. Es geht um Sonderseiten, Schnelligkeit, Vorsprung an Information und Bildern. Der Output ist höher als an normalen Tagen, das Tagesgeschäft wird zur Nebensache, und alle sind heiß darauf, einen super Job zu machen. Das gelingt uns oft sehr gut. Wir sind ein kleines Team, das in solchen Ausnahmesituationen zusammenrückt und alles gibt. Ich liebe diese Tage. Keine Zeit für Zweifel und abschweifende Gedanken. Vollgas bei dem, was ich kann: Zeitung machen. Themen bestimmen, Zuständigkeiten verteilen, Impulse geben, Mitarbeiter motivieren, Recherchen koordinieren, Layouts vorschlagen, Texte redigieren, Schlagzeilen formulieren. Währenddessen sind alle Zweifel weg. Das Gefühl, meinen Traumjob gefunden zu haben, ist wieder da.

Die Zeit rast. Kurz nach Redaktionsschluss fühlt sich der Tag an wie ein Wimpernschlag. Eben noch bin ich ins Büro gekommen, schon saß ich mit den Ressortleitern zusammen, um die Aufmacher für Politik, Wirtschaft, Lokales, Kultur, Ratgeber, Sport und Nachrichten zu planen. Kurz darauf ist es halb sieben, und die Abendausgabe für den Verkauf in Kneipen, an Tankstellen und Bahnhöfen geht in den Druck. Danach noch die Aktualisierungen für die Hauptausgabe, und zwölf Stunden sind rum. Mancher Tag beginnt ruhig. An einem solchen Morgen nehme ich mir den überfälligen Rückruf bei einem Freund oder meinen Eltern vor. Doch daraus wird fast nie was. Denn der Tag entwickelt sich so:

9.15 Uhr: Meine Sekretärin meldet, dass der Nachrichtenchef krank ist. In seinem Ressort sitzen heute nur zwei Volontärinnen. Sie sollen ihren Chef in den Konferenzen vertreten. Azubi vertritt Boss, das gibt's auch nur bei uns. Die schon vor zwei Tagen verschobene Auflagen-Analyse muss ich ein weiteres Mal verschieben.

10.40 Uhr: Weit und breit kein Thema für Seite 1 in Sicht.

12.10 Uhr: Moderation einer hitzigen Debatte in der Politikredaktion über unsere Position zur Großen Koalition.

14.20 Uhr: Heißhunger. Bringdienst bringt einen Croque mit extra viel Chili-Remoulade. Zehn Minuten später hab ich das Gefühl zu platzen.

14.45 Uhr: Ersatz finden für eine geplante Schlagzeile, weil die Geschichte sich nicht so entwickelt hat, wie die erste Info vor zwei Stunden hoffen ließ, und nun totrecherchiert ist.

15.10 Uhr: Der Croque tanzt in meinem Magen Polka.

15.15 Uhr: Noch immer keine neue Schlagzeile.

16.05 Uhr: Gespräch mit dem Betriebsrat über zwei Beschwerden wegen zu langer Arbeitszeiten in der Lokalredaktion.

16.40 Uhr: Not-Schlagzeile gefunden.

16.45 Uhr: Dritter Absturz des Computersystems heute. Die Technik-Jungs sind dran, machen dabei sorgenvolle Gesichter.

17.00 Uhr: Verhandlung mit einer Agentur über einen Rabatt auf viel zu teuer eingekaufte Promifotos.

17.10 Uhr: System läuft wieder. Die Unterbrechung kostet uns die Einhaltung der Deadline. Geben wir die Seiten zu spät in die Druckerei, drückt das den Verkauf der Abendausgabe, weil die Zeitung die Händler zu spät erreicht.

17.30 Uhr: Neuen Dienstplan fürs Wochenende organisieren wegen Ausfalls eines grippekranken Redakteurs.

17.50 Uhr: Kollegen beruhigen, die sich über die Textqualität zugelieferter Artikel aufregen.

18.50 Uhr: Kündigen eines Redakteurs, der sich als Totalausfall entpuppt hat und das unbedingt noch vor Ablauf seiner Probezeit mitgeteilt bekommen muss.

ab 20.40 Uhr: Suche nach schnellem Ersatz für meinen Stellvertreter und Nachrichtenchef, der entgegen der Info vom Morgen nicht harmlos krank ist, sondern zu Hause beim Handwerken von der Leiter gefallen ist und mindestens sechs Wochen ausfällt.

Gibt's ein Problem, hat das selten mit Zeitungmachen zu tun. Gefordert ist Organisation, nicht Kreativität. Ich komm mir vor wie ein Krisenmanager. Normal ist nicht die Situation, in der alles seinen Gang geht. Normal ist der Zustand, in dem kaum etwas so kommt, wie es kommen sollte.

Die Herausforderungen zerren mich an die Grenzen meiner Belastbarkeit. Es gibt Tage, an denen habe ich den Eindruck, es passiert prinzipiell nur das Gegenteil dessen, was ich geplant hatte. Als ich vor sechs Monaten den Job antrat, habe ich mich solchen Tagen ohne viel Nachdenken gestellt. Das versuche ich jetzt noch immer, aber es fällt mir nicht mehr so leicht, und erstmals schießen mir Fluchtgedanken durch den Kopf.

Abends, morgens und in den Momenten zwischen zwei neuen Problemen geht es rund in meinem Hirn: *Es kann doch nicht sein, dass sich alles gegen mich richtet. Was mache ich verkehrt? Müssen denn immer alle am selben Tag durchdrehen? Machen die das extra? Probleme, Probleme, Probleme – ich wollte den Job haben, um eine gute Zeitung zu machen, und nicht, um den Notstand zu verwalten. Warum soll ich eigentlich immer Rücksicht auf andere nehmen, wenn denen offenbar scheißegal ist, wie's mir geht? Wenn das so weitergeht, hab ich bald keinen Bock mehr. Der Personaletat ist ohnehin eine Unverschämtheit. Keiner meiner Vorgänger musste mit so wenigen Leuten auskommen wie ich. Bin ich denn der Arsch hier, der doof genug war, sich auf einen Job einzulassen, dem der Spaßfaktor entzogen wurde?*

Heute ist mal wieder so ein Tag, an dem ich nach dem Mittagessen genervt im Büro sitze. Mein Handy klingelt. Carsten! Der Ex-Kollege, mein Vorgänger als Leiter der Lokalredaktion, seit zwei Jahren bei *BILD*. Früher hingen wir viel zusammen, wir hatten in derselben Neubausiedlung Reihenhäuser gekauft, zwei Minuten voneinander entfernt. Nachdem meine Frau mit meinem Sohn ausgezogen war, habe ich in unserem Haus noch anderthalb Jahre mit einem befreundeten Kollegen gewohnt und es danach verkauft. Seit seinem Weggang von der *Morgenpost* hatte ich Carsten ohnehin schon wenig gesehen, nach meinem Umzug fast gar nicht mehr. Immer wieder nehmen wir uns vor, uns häufiger zu treffen. Immer wieder wird daraus nichts. Auch er steht unter Strom.

Sein Anruf freut mich.

Ich: «Na, Hase?!»

Er: «Na, du. Alles klar?»

«Na ja, geht so, der übliche Wahnsinn halt.»

«Ich hab Durst. Bock auf Bier heut Abend?»

«Unbedingt. Hab keinen Termin. Weiß nur nicht, wann ich durch bin.»

«Bei mir genauso. Um neun rum?»

«Ich meld mich, wenn ich Land seh.»

Um halb zehn sitzen wir in der *Ente*, der Lieblingseckkneipe in meinem Viertel. Ich erzähle, wie angepisst ich gerade bin. Carsten versteht mich, das tut gut. Er sagt, ihm sei es auch oft so gegangen. Als wir noch zusammengearbeitet haben, kam er mir souverän vor. Nah dran am Chef-Ideal. Er ist Meister darin, Mitarbeiter zu loben und Kritik so zu verpacken, dass sie nicht wie ein Pfeil ins Herz trifft. Dafür schluckt er viel runter. Ganz selten bricht das aus ihm heraus. Ich bewundere ihn für seine Disziplin.

Carsten bezweifelt, dass meine derzeitigen Arbeitsbedingungen schlimmer denn je seien.

«Das ist kein Spaziergang. Du könntest den Job zwar so machen, als sei es einer, aber das bist du nicht. Ist doch geil, dass du den Anspruch hast, es super hinzukriegen.»

Wir trinken Bier und lästern über die unter uns und die über uns. Der Gedanke ans Weglaufen verblasst. Wir gefallen uns gerade ziemlich darin, mit abgestreiftem Sakko und offenem Hemd in der Kneipe zu sitzen und den Tag über bestimmt zu haben, was morgen in Hamburgs Zeitungen steht. Abende wie diesen liebe ich. Das sind Stunden, in denen meine Zweifel wegfliegen. Carsten und ich müssen uns gegenseitig nichts vormachen. Die Offenheit zu sagen, dass der Druck kickt und quält zugleich, habe ich sonst nicht. Wer will schon hören, dass der Chef Probleme hat, der bekommt ja wohl schließlich genug Geld für seinen Job, und Einfluss hat er sowieso. Also mache ich es mit mir aus und versuche, den Eindruck zu erwecken, alles sei in Ordnung und ich stark.

Weil ich anderen immer weniger traue, rede ich mit kaum jemandem über meine Ängste. Früher saß ich mit den Kollegen in einem Boot. Das ist vorbei. Ich stehe vorn und habe eine Sonderrolle. Wenn ich etwas über die Arbeit sage, ist es etwas anderes, als wenn es jemand aus der Belegschaft tut. Je länger ich in meiner Sonderrolle stecke, desto mehr isoliere ich mich. *Oder werde ich isoliert?*

Die schleichende Vereinsamung habe ich erst gar nicht bemerkt. Irgendwann kam die Erkenntnis. Es passierte vor wenigen Wochen, als ich mit Kollegen beim Griechen Bier trank, Gyros in der Kinderportion aß und es mal wieder um jemanden ging, der nicht dabei war. Ich unterhielt mich mit Ilias, dem Wirt, am Tresen und bekam die Lästerei nur fetzenhaft mit. Als ich zurück zum Tisch ging, brach das Gespräch ab.

«Was ist los?», fragte ich.

«Das war nicht für dich bestimmt.»

Richtig. Die Nickeligkeiten, Zickereien, Eifersüchteleien im Team gingen mich nichts mehr an, solange sie der Arbeit nicht schadeten.

Es ist seltsam. Den ganzen Tag habe ich jede Menge Menschen um mich. Der Job ist kommunikativ, er lebt von Kontakten und Gesprächen. Und doch vereinsame ich. Von den meisten alten Freunden hatte ich mich schon in den Jahren als Reporter zurückgezogen. Ich glaubte, mit ein paar der Kollegen, mit denen ich mich auch privat gut verstand, verbinde mich mehr. Ich glaubte, für Freundschaften außerhalb der Firma fehle mir die Zeit. Mir fehlte nicht die Zeit, ich nahm sie mir nicht mehr. Ich arbeitete wie verrückt, zwölf Stunden am Tag, mindestens. Um zwischen dem einen Arbeitsmarathon und dem nächsten ein bisschen Zeit für mich zu haben, verzichtete ich darauf, nach Feierabend meine besten Freunde zu treffen. Ich meldete mich kaum noch, schlug Einladungen zum Essen oder zu Partys aus. Ich sagte Verabredungen kurzfristig ab. Passiert ist daraufhin erst einmal nichts. Sie werden gedacht haben, okay, der hat gerade viel um die Ohren, das wird sich wieder ändern. Es änderte sich aber nicht.

Ich stelle meinen Beruf über alles andere und sage eher eine private Verabredung ab, als im Büro früher zu gehen. Das war beim ersten Mal keine bewusste Entscheidung. Danach auch nie. Es passierte einfach so.

Ich stürzte mich in die Arbeit, und auch außerhalb der Redaktion interessierte mich vor allem, was drinnen geschah. Ein Mikrokosmos, der Mittelpunkt meines Lebens geworden ist.

Komisch, dass ich für diese Erkenntnis so lange brauchte.

Bestimmt gab es schon früh Anzeichen, die mich hätten nachdenklich stimmen sollen. Das plötzliche Desinteresse an meinen wichtigsten Freundschaften. Der Drang, immer und überall über die Zeitung zu reden. Das unterdrückte Bedürfnis nach alten Gewohnheiten wie Squashen und Saunagesprächen mit Karsten. Ich habe die Anzeichen nicht hören, sehen, fühlen wollen. Natürlich merkte ich, wie der Job mein Leben mehr und mehr dominierte. Aber ich tat und tue nichts dagegen. Ich gab und gebe immer Gas. Volle Pulle. Nur vorwärts. Ohne Pause.

Soll ich die Reißleine ziehen, wieder als Reporter arbeiten?! Nach dem Abend mit Carsten ist der Gedanke einige Tage verschwunden. Jetzt ist er wieder da. Auslöser ist ein Projekt, das Nerven kostet – und dessen negativen Einfluss auf die Stimmung der Redaktion ich unterschätzt habe.

Im Sommer hat uns die Verlagsleitung zur Zusammenarbeit mit dem *Berliner Kurier* verdonnert. Die beiden Zeitungen gehören seit ein paar Monaten dem britischen Investor David Montgomery, der «Heuschrecke». Ein zierliches Kerlchen, verschlagen und kompromisslos. Die Heuschrecke giert nach schnellen Millionen und will fressen, fressen, fressen. Sie hat keine Ahnung vom Journalismus, vom Zeitungmachen. Ihr verlegerisches Handeln verfolgt nur ein Ziel: die Rendite zu steigern. Was Geld kostet, wird in Frage gestellt oder gleich gestrichen. Qualität kostet Geld, und deshalb steht sie auf der Kippe. Das sehen alle, aber kaum einer prangert es an. Außer dem Betriebsrat und ein paar Mutigen in der Redaktion, die dafür Ärger bekommen sollen. So jedenfalls sähen es die Berliner Manager gern. Für den Ärger bin ich als Chefredakteur zuständig. Ich will die Mutigen aber nicht bestrafen. Sie sind aufmüpfig, dramatisieren die Lage ein bisschen zu heftig, denn niemand muss Angst vor Kündigung haben. Frei werdende Stellen werden nicht wieder besetzt, das ist zunächst mal alles. Und doch ist es richtig, die Entwicklung zu kritisieren, vor härteren Einschnitten zu warnen.

Ich sage den Managern: «Ein guter Journalist soll eine gute Zeitung machen und nicht gut sparen können.» Die Antwort ist ein Lächeln. Darin ist deutlich zu lesen: *Tja, Herr Onken, darüber sollten Sie vielleicht noch mal nachdenken.*

Diejenigen im Verlag, die von mir Durchgreifen gegen Störenfriede erwarten, wissen so gut wie ich, dass der Weg Montgomerys Murks ist. Aber auch sie wollen fressen.

Die Zusammenarbeit mit dem *Berliner Kurier* reibt uns alle auf. Die Chefredaktion, die Ressortleiter, die Redakteure. Wir sollen Synergien entwickeln. Im Redaktionsalltag kann das nur so gehen: Die eine Zeitung produziert bei überregionalen Themen Artikel, Fotos, Seiten für die andere mit. Das macht in der Theorie für die Zeitung, die von der anderen beliefert wird, weniger Arbeit und spart mittelfristig Personal. Für die Heuschrecke und die Verlagsmanager eine simple Rechnung. Die meisten von ihnen haben keine journalistische Erfahrung und schon gleich gar keine journalistische Leidenschaft. Sie können oder wollen die Schwierigkeiten, die solche erzwungenen Synergien verursachen, nicht sehen. Eine Zeitung, vor allem ein Boulevardblatt, ist Ergebnis eines kreativen, emotionalen Prozesses. Deshalb gibt es auch keine Maschine, die anstelle der Redaktion Themen und Fotos auswählt, ihnen eine Struktur im Blatt gibt, Texte schreibt und die fertigen Seiten in die Druckerei schickt. Artikel zeichnen sich durch individuelle Schreibe, Kommentare durch charakteristische Positionen aus. Die Hälfte der einen Zeitung mit der Hälfte der anderen per Mausklick zu mischen, kann nicht funktionieren. Das kann nur beide Blätter schlechter machen.

Für meine Redaktion ist die Kooperation ein traumatisches Erlebnis. Ein ganzes Ressort wird nahezu aufgelöst. Es wird weiterhin niemandem gekündigt, aber viele gehen davon aus, dass es auch dazu noch kommen wird. Bei einigen fließen Tränen, sie kritisieren die Qualität der aus Berlin gelieferten Texte. Ihre Trauer schlägt in Wut um, die Stimmung ist gereizt.

Ich sitze zwischen Baum und Borke. Da ist zum einen meine Redaktion, die in vielen Punkten mit ihrer Kritik an den Umstrukturierungen recht hat. Zum anderen sind da die gefräßige Heuschrecke und die Gierschlünder im Verlag, die mir zu verstehen geben: Wer nicht mitspielt, ist raus. Aufgrund meiner Position stehe ich auf der Seite der Gierschlünder. Aufgrund meiner Überzeugung stehe ich auf der Seite der Mitarbeiter. In meiner Redaktion wissen das die meisten, sie spüren meine Zerrissenheit – unterm Strich bleibe ich jedoch ihr Chef, also ein potenzieller Gegner ihrer Interessen. Der Betriebsratschef, mit dem ich mich gut arrangiert habe, weil wir einander schätzen, droht den Managern mit Streik. Die Mehrheit der Mitarbeiter sympathisiert mit den Plänen.

Streik darf es auf keinen Fall geben. Das würde so aussehen, als hätte ich die Lage nicht mehr im Griff, als tanzten mir die eigenen Leute auf der Nase herum.

Ich bekomme mit, dass sich die Redakteure mit dem Betriebsrat zu konspirativen Besprechungen treffen. Ich bleibe außen vor, sitze nach Redaktionsschluss in meinem Büro und komme mir wieder ausgeschlossen vor. Das kränkt mich. Ich möchte mit jemandem über die drohende Eskalation und meine Gefühle reden.

Welchen Freund, der nicht Kollege ist, könnte ich anrufen? Karsten. Mit ihm habe ich vor zwei Jahren ein paarmal über meinen Aufstieg, den zusätzlichen Druck, die Kehrseite der Verantwortung gesprochen. Er wäre der Richtige, ist vor einiger Zeit Bereichsleiter seiner Firma geworden und hat seitdem selbst viel um die Ohren. Ich habe ein schlechtes Gewissen, weil ich mich kaum noch gemeldet, ihm auf seine immer seltener gewordenen Squash-Anfragen bis auf ein einziges Mal in den vergangenen zwölf Monaten einen Korb gegeben und meine versprochenen Rückrufe immer wieder verschoben habe. *Für wie arrogant und abgehoben muss er mich halten?* Wäre er ehrlich, würde er mir vielleicht sagen: Du hast viel erreicht, du hast aber auch viel verloren. Unsere Freundschaft zum Beispiel.

Habe ich mich vor zwei Jahren einlullen lassen von dem schmeichelnden Angebot zum Aufstieg? Ich bin nicht frei von Eitelkeit. Das Gefühl der hierarchischen Aufwertung gefiel mir, die Reaktionen ließen nicht lange auf sich warten. Die wichtigen Leute beachten mich seitdem mehr als zuvor, sie unterhalten sich länger als früher mit mir. Mehr Männer zollen mir ihren Respekt, mehr Frauen interessieren sich für mich, ich verdiene mehr Geld und habe mehr Einfluss. Sind das die Opfer wert, die ich erbringe? Die Antwort kenne ich nicht.

Klar, ich kann mit Leuten wie Carsten trinken gehen und mich über die Schattenseiten der Macht auskotzen. Für ein paar Stunden schweißt das zusammen. Ich fühle WIR, bin nicht ALLEIN, das hilft. Einen Abend und eine Nacht.

Doch am nächsten Morgen sitze ich wieder ALLEIN in meinem Büro mit dem Druck, in neun Stunden eine Zeitung füllen zu müssen. Mit der Nervosität wegen fehlender Schlagzeilen, mit personellen Ausfällen, schwelenden Konflikten mit den Berlinern, mit dem drohenden Streik, der Erwartung der Manager, der Erwartung der Redaktion, der Gier der Heuschrecke.

Und mit der Einsamkeit.

Bin ich dem Job einfach nicht gewachsen? Kann ich mir erlauben, mit jemandem über meine Einsamkeit zu sprechen? Schon in meiner Ausbildung habe ich Situationen gehasst, in denen ich nicht weiterwusste. Ich wollte nicht fragen, schon damals alles können. Vielleicht kann ich mit demjenigen reden, der mich auf den Posten gehoben oder mich dafür empfohlen hat. Zum Beispiel mit meinem ehemaligen Chefredakteur, der im Verlag geblieben ist, auf Wunsch der Heuschrecke jetzt aber in der Berliner Geschäftsführung arbeitet. Würde er mich verstehen? Er ist ein ganz anderer Mensch als ich. Weniger sensibel und emotional. Früher, als er noch bei uns war, hatte ich oft den Eindruck, der Stress perle an ihm ab wie Regentropfen von frisch poliertem Autolack. Er wirkte auch in schwierigen Situationen so unbekümmert, dass ich ihn darum beneidete. Vermutlich würde er meine Gedanken gar nicht nachvollziehen können. Vielleicht ist es auch anders. *Ich sollte mich bei ihm melden.* Ich mache es nicht. Das wäre doch seltsam, wenn ich, der den Leuten hier nun sagen soll, wo es langgeht, selbst um Hilfe bitte.

Das sähe doch so aus, als wäre ich überfordert. Als wüsste ich nicht weiter. Ich weiß nicht weiter. Aber das darf ich nicht sagen. Oder?

HAMBURG VS. BERLIN ☆ Februar 2007

Es ist kurz nach zweiundzwanzig Uhr. Ich sitze seit dreizehn Stunden im Büro. Der Tag war heftig. Morgens war Claudia Roth von den Grünen zu Besuch in der Redaktion, wir haben deshalb viel zu spät konferiert und sind unter Zeitdruck geraten. Bis zum Nachmittag war keine Schlagzeile in Sicht. Zwei Layouter haben sich krankgemeldet. Notbesetzung. Dann große Aufregung um die Seiten aus Berlin. Titten, Blut, eine absurde Sex-Story über einen alternden Schlagerstar.

«Das ist nicht unser Niveau, das ist Leserverarschung», hat eine Kollegin geschimpft.

Ich habe die Geschichten gelesen und Hitzewallungen bekommen.

«Das ist wirklich dünn, aber wir können uns nicht jeden Tag beschweren», sagte ich.

«Warum nicht? Wenn die Mist liefern, dürfen wir uns das nicht gefallen lassen.»

Sie hatte recht, aber die Berliner machen die Geschichten aus ihrer Sicht, und mit der fahren sie bei sich gut. Der *Kurier* ist im Osten erfolgreich. Woher sollen sie wissen, dass unsere Leser andere Themen erwarten?

«Solange nicht reihenweise Beschwerden bei uns auflaufen, müssen wir aufpassen, dass die Situation nicht eskaliert – das nützt keinem», habe ich gesagt.

Gedacht habe ich: *Scheiße, da soll zusammenwachsen, was nicht zusammenpasst. Aber wir müssen das trotzdem versuchen, davon muss ich alle überzeugen – oder der Laden fliegt mir um die Ohren.*

Ich komme mir wie ein Politiker vor, der den Wählern Müll verzapft, um seinen Arsch zu retten.

Jetzt ist Ruhe. Die Zeitung druckt, in der Redaktion sitzt nur noch der Spätdienst. Alle anderen sind nach Haus gegangen, die Monitore sind dunkel. Ich sitze in meinem Glaskasten und überlege mir Themen für zwei neue Serien, danach bereite ich ein Meeting mit einem Kooperationspartner für den nächsten Tag vor. Ich kann mich nicht mehr konzentrieren, meine Gedanken machen Budenzauber wie nach einem runtergestürzten Bier plus Schnaps auf nüchternen Magen. In mir drin: totale Müdigkeit, Erschöpfung und Nervosität zugleich. Dieser irre Berg an Aufgaben!

OhGott.
OHGOTT.
O H G O T T!!!

Was mache ich hier eigentlich? Der vierte Abend in Folge, den ich im Büro abhänge. Mit meiner Freundin, mit der die Beziehung weiter auf und ab geht, war ich schon seit Wochen nicht mehr in Ruhe essen, im Kino oder habe mit ihr entspannt Zeit bei mir zu Hause verbracht. Meinen Sohn sehe ich nur noch am Wochenende, der eine Abend unter der Woche ist inzwischen ganz weggefallen. Mein Wochenende beschränkt sich auf Samstag. Sonntag ist für Zeitungsleute Arbeitstag, um die Ausgabe für Montag zu produzieren. Seit wir vor drei Monaten eine Sonntagsausgabe der *Morgenpost* auf den Markt gebracht haben, ist nun auch der letzte bislang freie Tag ein Arbeitstag. Also nehme ich Samy mit in die Redaktion. Er guckt im Sportressort Bundesliga-Konferenz, und ich mache Zeitung.

Ich hatte mir fest vorgenommen, ihn heute anzurufen. Beim Aufstehen habe ich noch dran gedacht, beim Mittagessen, nachmittags in der Zeilenkonferenz. Dann: Stress, Hektik, Zeitrasen.

Jetzt, am Ende des Tages, fällt's mir wieder ein – jetzt schläft er. Der Gedanke macht mich traurig. Ich schlucke.

Mein Sohn: vor lauter Arbeit von mir vergessen.

«Papa, das hatte ich mir schon gedacht», hat Samy mal zu mir gesagt, als ich mich nach einer ähnlichen Situation bei ihm mit dem Hinweis, ich habe viel Stress gehabt, entschuldigt hatte.

Das geht so nicht. Was bin ich eigentlich für ein Vater? Was passiert hier mit mir? Ich sehne mich nach Entspannung, der Druck soll nachlassen. Ich will die Verantwortung *und will sie nicht.* Ganz schönes Chaos.

Ich spüre ein Stechen im Rücken.

Vor ungefähr einem Jahr tauchte es zum ersten Mal auf. Die Schmerzen sind heftiger geworden, schränken meine Beweglichkeit ein. Ich habe mich neulich in die Röhre schieben lassen. MRT-Diagnose: In meinen unteren Lendenwirbeln lagert kaum noch Flüssigkeit ein. Unterstützt durch die verspannte Position, in der ich täglich stundenlang am Rechner sitze, verursache das die Schmerzen, weil Schmiere fehle, sagte der Arzt. Die Schmerzen waren schon so heftig, dass ich nicht mehr sitzen konnte. Der Schmerz hat sich links knapp über dem Steißbein eingerichtet. Er strahlt ins linke Bein, an manchen Tagen bis knapp über den Knöchel. Mein Rücken fühlt sich dann so an, als würde er bei der nächsten Bewegung abbrechen.

Einmal war es so extrem, dass ich mich hinter meinen Schreibtisch im Produktionsraum ganz langsam auf den Teppich legen und dabei die Luft anhalten musste, weil selbst das Atmen weh tat. Liegen war die einzige Position, in der ich das Ziehen, Drücken, Reißen und Stechen einigermaßen ertragen konnte. Nach einer halben Stunde auf dem Boden konnte ich mich so weit zusammenreißen, dass ich in der Lage war, zum Orthopäden zu fahren. Die Praxis liegt nur fünf Autominuten von der Redaktion entfernt.

Meine Sekretärin kündigte mich telefonisch an, damit ich schnell drankomme. Ich krümmte mich auf der Liege im Behandlungszimmer, und der Arzt gab mir eine Spritze zur Entspannung. Zehn Minuten später fühlte ich mich wie ein junger Gott.

Doch Anfälle wie dieser häufen sich seitdem. Mittlerweile fahre ich alle paar Wochen in die Praxis, um mich spritzen zu lassen.

«Sie sollten unbedingt Ihren Rücken stärken», sagte der Orthopäde bei meinem letzten Besuch.

«Ja, und wie?»

«Machen Sie Übungen und gehen Sie schwimmen.»

«Übungen?»

«Hier haben Sie einen Zettel, da sind sie erklärt. Jeden Morgen, am besten auch noch mal abends.»

Auf dem Merkblatt turnt ein Strichmännchen. Die Übungen dienen angeblich dem Aufbau von Muskeln entlang der Wirbelsäule. In keiner Position sieht das Männchen so aus, als habe es Spaß an dem, was es da macht. Ich stellte mir mich nach dem Aufstehen in den Positionen des Strichmännchens vor. Schon auf der Rückfahrt in die Redaktion war mir klar, dass ich diese komischen Verrenkungen nicht machen würde.

Die Folge: Ich gehe oft wie ein Achtzigjähriger, bin kaum mehr in der Lage, eine Einkaufstüte die Treppen hoch in meine Wohnung zu tragen – eine Kiste Bier wäre mein Rückentod. Jeden Morgen versuche ich, nach dem Duschen im Badezimmer eine aufrechte Haltung anzunehmen. Sosehr ich mich anstrenge, es gelingt mir fast nie. Über meiner linken Hüfte ist ein Knick. Als hätte mir dort einer mit dem Baseballschläger einen mitgegeben. Ich sehe aus, als würde ich mein Becken die ganze Zeit nach rechts und meinen Oberkörper gleichzeitig nach links drücken. Manche Kollegen können nicht anders, als über meine eigenartige Haltung zu lachen. Tatsächlich tue ich ihnen wahrscheinlich leid. Ich bin gerade mal Mitte dreißig und ein Bewegungskrüppel.

Als mir der Schmerz jetzt in den Rücken sticht, kommt es mir vor wie ein Signal, das auf Dunkelrot schaltet.

Hau ab, verdammter Stress!

Was wäre eigentlich, wenn ich mal loslassen, spontan ein paar Tage freinehmen würde? Dann würde sich noch mehr Arbeit stauen. *Dann würde ich das alles nicht mehr schaffen.* Und dann käme die Angst. Angst, vor lauter Arbeit unterzugehen, die Kontrolle zu verlieren, im unaufhörlichen Kampf gegen die Zeit zu unterliegen. Passiert ist das noch nie. Der Angst ist das egal, sie kommt trotzdem. Immer öfter. Ich glaube, kein anderes Gefühl ist mir gerade so vertraut.

Es ist die gleiche Angst, die in mir aufstieg, als ich vor zwei Jahren an dem Morgen aufwachte, an dem ich die erste Konferenz leiten sollte. Nach den ersten Tagen dachte ich damals, die Routine würde die Angst vertreiben, mich ruhiger machen. Ich warte noch immer darauf, dass das passiert.

ANGEECKT ☆ März 2007

Morgenkonferenz. Die Ressortleiter, ein paar Redakteure, ein Polizist, der in seiner Vorbereitung auf den höheren Dienst bei uns zwei Tage hospitiert, und ich. In der Blattkritik, zu der wir heute den Chef des Mietervereins eingeladen haben, schneidet unser Lokalteil als der beste der Stadt ab. Wir haben die perfekte

Boulevardgeschichte im Blatt: Der Innensenator jagt seit Monaten Zweite-Reihe-Parker. Dank eines Tipps aus seinem Umfeld haben wir gestern seinen Dienstwagen vor der Behörde im Parkverbot erwischt. Stundenlang stand das Fahrzeug in zweiter Reihe auf der Straße. Das Foto ist für den Politiker ein Schlag ins Gesicht. Peinlicher geht's nicht. Der Sprecher des Senators windet sich in dem Artikel. Die Story wird zum Stadtgespräch. Die pikierte Reaktion aus der Behörde bestätigt das. *Not amused* sei man darüber, dass wir das falsch geparkte Dienstauto mit einem Bild des Senators zeigten, auf dem er lachend auf die Kamera zuschlendert, das Sakko lässig über die Schulter geworfen. Entstanden ist die Aufnahme, als der Senator ein halbes Jahr zuvor nach einem Schwächeanfall aus dem Krankenhaus entlassen wurde. Das Archivfoto in diesem Zusammenhang rauszukramen, sei unmoralisch, findet der Behördensprecher.

Die Kritik geht erst an den Reporter, der das aktuelle Foto gemacht und den Text geschrieben hat. Er leitet die Beschwerde an mich weiter. Ich telefoniere mit dem Behördensprecher. Ich stelle mich vor den Reporter, verteidige die Fotomontage. «Was bitte ist daran unmoralisch? Es ist niemand gestorben, die Montage war als solche klar zu erkennen. Ihr Senator hat sich über seine eigene Anordnung hinweggesetzt, und wir haben ihn dabei erwischt. Dass Sie das ärgert, kann ich gut verstehen», sage ich.

Es ist ein typischer Tag, an dem mir das Adrenalin morgens Glücksgefühle beschert, weil wir eine hervorragende Geschichte haben. Wenig später jagt es mir durch den Körper, weil ich mich so aufrege über die Beschwerde. Mich nervt der Stress mit der Behörde, jetzt werden sie uns ein paar Tage mit Nichtachtung strafen. Vielleicht stecken sie der Konkurrenz ein gutes Thema, um uns eins auszuwischen. So ist das immer, wenn wir in ihren Augen zu kritisch berichten.

Wie verhalte ich mich in so einer Situation richtig? Mich in den Staub schmeißen, «Mea culpa» rufen? Oder hart bleiben, nicht nachgeben? Was wirkt souveräner? Ich bleibe dabei: Die Kritik ist albern.

Polizei und Innenbehörde schneiden uns eine Woche lang, und ich frage mich, ob ich nicht doch besser Einsicht gezeigt und mich entschuldigt hätte. Meiner Redaktion hätte es ein paar nervige Tage erspart.

Ich sollte in Zukunft strategischer agieren.

DURCHGEMACHT ☆ August 2007

Nie stand ich so unter Druck wie in den vergangenen Monaten. Nein, falsch. Noch nie stand ich so lange unter Druck. Und es hört gar nicht mehr auf. Das Megadruck-Gefühl packt mich fast jeden Tag. Der Druck kommt von allen Seiten und vor allem aus mir selbst. Meine Freundin hat mich vor wenigen Wochen verlassen. Ich habe sie verletzt, und sie hat die Konsequenzen gezogen. Die Trennung hatte sich angekündigt, ich hatte der Liebe zwischen uns immer weniger Aufmerksamkeit geschenkt, hatte mich unserem Miteinander mehr und mehr entzogen. Als sie mich verließ, war ich dennoch wie vor den Kopf gestoßen. Privat fühlte ich mich bankrott. *Ich bin nicht mehr beziehungsfähig! Selbst rücksichtsvolle Ansprüche einer Frau kann oder will ich nicht mehr erfüllen.* Weil sich alles um meinen Job dreht, dort will ich allen Erwartungen gerecht werden, nur das zählt noch für mich. Ich will: Allen in der

Redaktion das Gefühl vermitteln, für sie da zu sein, ihnen zuzuhören, sie einzubinden, sie wertzuschätzen, sie zu fordern, aber nicht zu überfordern, mich für ihr Weiterkommen einzusetzen oder zumindest – wenn sie selbst wissen, nicht mehr zu den Produktivsten zu gehören – sie in Gesprächen über Altersteilzeit oder Abfindung fair zu behandeln. Ich will aber auch die beste Zeitung machen, die möglich ist. Durchhänger, Halbherzigkeiten und Ausfälle machen mich wahnsinnig. Ich will Verständnis für Schwäche haben, habe es aber nicht. Ich will nachsichtig sein, bin es aber nicht. Auch nicht mit mir.

Eigentlich möchte ich es gar nicht allen recht machen. Wer's mir nicht recht macht, der kann mich mal. Oder? Ich bin zu ungeübt, zu unsouverän, zu bedürftig nach Zuspruch, als dass ich in der Lage wäre, aufs Streben nach einem allseits guten Eindruck zu pfeifen.

Mir unterlaufen Fehler bei der Entscheidung über die Gewichtung von Themen, der Formulierung von Schlagzeilen, ich bin oft nicht konsequent beim Einfordern von Leistung. Meist entscheidet meine Laune über die Tonalität. Vor allem meine Ungeduld. Abzuwarten, bis sich eine Diskussion so entwickelt, wie ich es mir vorstelle, halte ich kaum noch aus. Es passiert immer öfter, dass ich ein Thema gar nicht mehr zur Debatte stelle, sondern von vornherein allein entscheide.

Der Druck kommt aber auch aus der Geschäftsführung und aus der Chefredaktion des *Berliner Kurier*, mit der wir uns zunehmend mehr abstimmen müssen, weil die beiden Zeitungen sich gegenseitig mit Artikeln und ganzen Seiten beliefern. Das sind die von den Verlagsmanagern verlangten Synergien, die eigentlich Personal einsparen sollen, es aber in der Praxis bislang nicht tun.

Je länger der Druck, die Disziplin und der volle Einsatz anhalten, desto größer wird mein Bedürfnis nach einem Gegenpol. In Momenten, in denen ich das Gefühl habe, die ganze Welt habe sich verschworen, um mir das Leben extraschwer zu machen, verspüre ich die Lust, auszubrechen. Etwas Anrüchiges, Unmoralisches zu tun. Mal alle Anspannung, die ganze Last auf den Mond zu schießen. Immer nur leisten, allzeit funktionieren, ist spießig. Ich hasse das, weil es so nach Anpassung klingt. Ich passe mich an, obwohl ich den Widerstand liebe, den Bruch, das Unkonventionelle. Früher, vor allem in der Schule, war ich unkonventionell. Früher gehörte ich aber auch nicht zu den Erfolgreichsten. Ich habe vieles so gemacht, wie es mir richtig erschien, fast nie habe ich mich zu etwas gezwungen. Ich war bei den Grünen, hatte rote Rastazöpfe und ging Konflikten mit der Obrigkeit nicht aus dem Weg. Gegen den Strich zu bürsten, fand ich cooler und richtiger, als mit dem Strom zu schwimmen.

Jetzt mache ich manchmal Sachen, die ich früher verteufelt habe. Ich gehe in teure Restaurants, ich wähle eine Volkspartei, beim FC St. Pauli stehe ich nicht mehr bei den normalen Fans, sondern sitze bei den VIPs auf den Business-Seats. Ich bin jetzt Teil der «besseren Gesellschaft». Um viele der Menschen, die ich treffe, hätte ich zu Jugendzeiten einen großen Bogen gemacht. Gerade um die, die ihr Fähnchen in den Wind halten und allein danach ihr Handeln ausrichten. Davon gibt's viele, wenn's darum geht, Macht zu verteilen. Es sind fast immer Männer. Manchmal finde ich mich in einem ganzen Rudel solcher Typen wieder. Sie sind unehrlich, heuchlerisch, substanzlos. Sie sind süchtig nach dem Licht der Öffentlichkeit und merken nicht, wie offensichtlich sie sich für ein bisschen Aufmerksamkeit verbiegen. Ich erschrecke mich über meinen distanzlosen Umgang mit ihnen. *Bin ich auch schon so wie sie?*

In Momenten, in denen mich das Parkett der Eitelkeiten anwidert und mir der ganze Job-Druck über den Kopf wächst, ist der Wunsch nach Ausbruch am größten. Ich träume vom Gegenteil disziplinierten Fleißes, festgelegter Strukturen und einzuhaltender Fristen. Ich träume von endlosen Partys, Gelagen, Orgien. Es geht hoch her. Ich fühle mich omnipotent. Ich bin eine männliche Nymphomanin, die rumhurt, was das Zeug hält. Tatsächlich ist mein Liebesleben nur selten wild – nicht erst seit ich wieder Single bin. Ich bin zu erschöpft.

Während der Arbeit denke ich laufend an Sex. Wenn ich ihn habe, sehne ich mich nach Entspannung. *Keine Anstrengung, nicht auch noch im Bett. Lieber Verwöhnprogramm.* Und dann packt mich die Müdigkeit. Die Frauen, mit denen ich mich in kurze Affären stürze, verstehen mich nicht. Was ich überhaupt wolle. Warum ich's aufs Bett anlege, um dann den Schwanz einzuziehen. Das sei doch nicht normal. Ich hätte einen Knall. Stimmt alles. Ich ändere: nichts.

Manchmal kaufe ich mir Sex. Ich mag den Kitzel des Verruchten. Und es ist so schön unkompliziert. Affären enden meist in der Sackgasse, weil sich einer von beiden in den anderen verguckt. Solange das nicht passiert, ist alles locker. Passiert es, geht alle Lockerheit verloren. Gekaufte Liebe ist verlässlich unkompliziert. Von vielen Freunden und Kollegen weiß ich, dass sie das ähnlich sehen; mit einigen war ich schon gemeinsam unterwegs, mit meinem Kumpel Tim, selbst Journalist, sogar öfter. Ein Ausflug ins Rotlicht beginnt meist tagsüber mit einer SMS, die mich in der Redaktion zwischen Personalgespräch und Schlagzeilen-Konferenz erreicht.

«Wie wär's heut mit Amore?»

«Wenn nicht heut, wann dann?!»

«Zehn?»

«Jup.»

Wir treffen uns nach Feierabend, gehen was trinken, planen das Ziel. Dort läuft immer das gleiche Programm: Wir setzen uns an die Bar, bestellen zwei Bier für zwanzig Euro, gucken zu den Damen am anderen Ende des Tresens. Nach drei Minuten schlendern zwei von ihnen zu uns rüber. Die eine kümmert sich um Tim, die andere um mich. Nach zehn Minuten Smalltalk kommen wir ins Geschäft. Zweihundert für jeden, dafür kriegen wir eine Stunde Spaß. Gemeinsam gehen wir aufs Zimmer, meist eins mit Whirlpool. Die Konstellation der Damen ist fast immer die gleiche: Die eine geht ran, die andere ziert sich. Meist erwische ich die Zickige. Es entwickelt sich ein Spiel, das manchmal antörnt, manchmal nervt. Wird mir das Spiel zu anstrengend, rede ich mit der Dame über ihren Job. Bei diesen Gelegenheiten erfahre ich einiges über die Aufteilung des Markts, Verdienstmöglichkeiten, die umsatzstärksten Etablissements der Stadt und die Vorlieben der verschiedenen Freier-Typen. Damit schmückte ich manchen Artikel im Blatt aus. Ging ich also mal nicht befriedigt nach Hause, so doch immerhin informiert.

Die Rotlichtszene fasziniert mich. Ich mag die puffige Atmosphäre, den Geruch nach zu viel Gucci-Parfüm, nach zu viel Weichspüler in den Handtüchern, die astrein gepflegten Körper, das Lustprinzip. Ich bin spitz, ich zahle, ich habe Spaß, ich gehe, ich habe keinen Stress, ich werde Stress los. Die Reduzierung aufs Körperliche in dieser speziellen zwischenmenschlichen Beziehung fällt mir leicht. Es macht mich an.

Ich weiß nicht, wie viele Männer ich kenne, die noch nie bei einer Hure waren, wahrscheinlich sind es nicht viele. In Hamburgs gehobenen Kreisen enden offizielle Veranstaltungen manchmal mit einem Puffbesuch in kleiner Herrenrunde. Das schafft Vertrauen. Da hatte ich als Journalist nichts dagegen.

ANGEPASST, UNANGEPASST ☆ Herbst 2007

Seit die Heuschrecke die *Morgenpost* übernommen hat, spitzt sich die Situation in der Redaktion immer weiter zu. Die Fronten sind verhärtet, zerrissen winde ich mich mittendrin. Auf der einen Seite das Management, auf der anderen die Mitarbeiter. Die einen wollen abkassieren, wollen immer bessere Zahlen sehen. Die anderen rebellieren dagegen. Das Team weiß, dass ein Streik mich in meiner Position gefährden würde. Die Manager wollen keinen Chefredakteur, der nicht verhindern kann, dass seine Leute auf die Straße gehen. Immer wieder ist die Lage so angespannt, dass ich glaube, morgen ist es so weit, morgen lassen sie alles stehen und liegen und zetteln den Aufstand an. Die Gierschlünder kriegen das mit.

«Haben Sie das im Griff?», fragen sie mich.

«Ja, habe ich», lüge ich.

«Dann ist ja gut. Streik ist das Letzte, was wir gebrauchen können. Denken Sie an die Zahlen.»

Ich denke an die Zahlen, sie lassen mich kalt. *Ich bin kein Gierschlund, ich bin Journalist. Ich hasse das Spiel der Gierschlünder.*

Das Verhältnis der Redaktionen in Hamburg und Berlin ist noch immer angespannt. Der Zwang zur Synergie hält sie mit einem Keil aus Neid und Missgunst auf Distanz zueinander. Die Hamburger verstehen nicht, warum sie sich von einer auf Ostberlin ausgerichteten Redaktion Themen vorgeben lassen sollen, und die Leute vom *Kurier* sind von der ständigen Kritik aus Hamburg genervt. Der Heuschrecke kann das nur recht sein. Das Risiko, dass sich beide Redaktionen gegen die Sparmaßnahmen solidarisieren, liegt bei null. Der Ton am Telefon ist barsch, zickig, zynisch, mitunter beleidigend. Manche blaffen sich nur noch an, immer wieder knallen Hörer auf. Die Erwartung an die Chefredakteure: «Sorgen Sie dafür, dass die Situation nicht eskaliert!» Haben die eine Ahnung, was bei uns los ist! Die Situation *ist* längst eskaliert.

Der Druck wächst von allen Seiten. Egal, wie rum ich mich drehe, egal, wie ich mich positioniere: Druck, Druck, Druck. Ich bin ein Kessel, der unter Hochdruck steht. *Bald explodiert er. Bald zerreißt es mich.* Aber ich kann und will weiterhin mit niemandem über meine Situation sprechen. Ich mache alles mit mir selbst aus. Wer zugibt, dass er zweifelt, hadert, Angst hat, von der Belastung erdrückt zu werden, gilt als schwach. *Oder?* Fast allen Freunden, die nicht auch Kollegen sind, habe ich mich entzogen. Da will ich nicht plötzlich wieder an ihrer Tür auftauchen und sie mit meinen Job-Problemen behelligen. Vermutlich würden sie mich auch gar nicht verstehen. Es ist doch noch derselbe Job, wegen dem ich mich rargemacht habe. Der mir die vergangenen Jahre wichtiger war als die Freundschaft. Ich war doch so begeistert, ja geradezu euphorisiert, so stolz und manchmal sogar überheblich. Und nun soll alles nur noch Qual sein? So würden sie mir bestimmt kommen. Vielleicht phantasiere ich mir da auch was zusammen. Ich will es nicht drauf ankommen lassen, will meine Befürchtung nicht bestätigt wissen. Ich schweige auch gegenüber den Frauen, mit denen ich Affären habe. Kein Wort zu meiner Ex-Freundin, zu der ich ein sehr vertrauensvolles Verhältnis pflege. Geheimniskrämerei selbst gegenüber meinen Eltern und meinem Bruder.

Der ein oder andere merkt bestimmt, wie ich mich quäle. Wahrscheinlich merkt er es nicht nur, sondern beginnt, sich auch um mich zu sorgen. Aber keiner sagt was. Wahrscheinlich denken sie: Solange er nichts sagt, wird's schon gehen. Noch geht's ja auch, irgendwie.

Nachdem die größte Streikgefahr gebannt, in der Redaktion kein Frieden, aber ein bisschen Ruhe eingekehrt ist, setze ich mir für die Etatverhandlungen ein Ziel: Ich werde auf gar keinen Fall einem weiteren Kahlschlag zustimmen. Unsere Zahlen sind spitze. Die Auflage steigt, das gelingt derzeit kaum einem anderen Blatt in Deutschland. Ich möchte einen Honorartopf zur Belohnung besonderer Leistungen von Mitarbeitern beantragen und mindestens eine Planstelle mehr besetzen dürfen. Mit einem gestandenen Redakteur, den ich mir suchen und der auch ein bisschen mehr kosten darf. Immer wieder müssen wir unsere besten Leute nach einer Weile ziehen lassen. Wie ein Bundesligaverein, der in der zweiten Tabellenhälfte spielt und jungen Talenten als Sprungbrett zu den Topclubs wie Bayern und Dortmund dient. Mehr Punkte als erwartet hat meine Mannschaft für unseren Club erkämpft, wir sind als Underdog in die obere Tabellenhälfte geschossen, dafür darf die Vereinsführung jetzt auch mal was zurückgeben.

In den Verhandlungen zeigt sich schnell, dass ich mein Ziel nicht erreichen werde. Ich überdenke meine Pläne und überlege, mich zähneknirschend mit einer Nullrunde zu arrangieren. Keine weiteren Kürzungen, keine weiteren Zugeständnisse. Noch ist ohnehin alles hypothetisch. Der Geschäftsführer hat noch keine Farbe bekannt, er hat lediglich durchblicken lassen, dass meine Vorstellungen mit denen des Investors nicht zu vereinbaren seien. Okay, verstanden. Welche Erwartungen der Investor hat, ist aber noch unausgesprochen.

«Klar ist, wir sollten ehrgeizig ins nächste Jahr gehen», setzt der Geschäftsführer in bestem Manager-Deutsch an.

«Ehrgeizig sind wir», antworte ich ein bisschen zu angefasst.

«Ja, das weiß ich. Dieses Jahr ist ein guter Auftakt zu einer Reihe guter Jahre.»

Meine Temperatur steigt.

«Dieses Jahr ist *gut*? Ich finde, es ist sehr, sehr gut gelaufen. Mehr geht definitiv nicht. Mehr Rendite würde ohne brutale Kürzungen nicht gehen. Mehr kann ich meinem Team nicht vermitteln.»

«Das ist am Ende doch immer eine Frage der Formulierung», versucht der Geschäftsführer zu beschwichtigen.

Meine Temperatur steigt weiter.

«Wenn ich kürzen soll, muss ich das meinem Team sagen. Ich werde die Redaktion nicht belügen.»

«Sie sollen auch nicht lügen. Sie sollen um Verständnis werben für unsere ehrgeizigen Pläne.»

Meine Temperatur erreicht den Siedepunkt.

«Noch mal: Weitere Einsparungen zugunsten von noch mehr Rendite kriege ich nicht vermittelt. Ich halte das auch für unseriös.»

Oha, war das einer zu viel?

«Das ist bedauerlich. Denken Sie da noch mal drüber nach.»

Wir unterbrechen die Verhandlung. In der folgenden Nacht schlafe ich nicht ein. Ich liege im Bett und denke nach. *Soll ich es tun? Ich halte das nicht mehr aus. Kann ich es tun? Denk an dich, das Team wird es vielleicht nicht verstehen, aber davon darf deine Entscheidung nicht abhängen. Was verliere ich? Alles. Was kommt dann? Erst mal nichts, außer Befreiung. Wird es woanders besser? Zumindest nicht schlimmer.* Ich muss es tun.

Sehr früh am nächsten Morgen setze ich mich an mein Notebook und tippe meine Kündigung.

ESKALATION ☆ 7. November 2007

Noch nie hat mich die Arbeit so aufgewühlt. Ich bin so wütend, so kantig in meinen Bewegungen, dass ich mich im Bad und beim Anziehen ständig irgendwo stoße. Ich bin maßlos enttäuscht. Der Tritt gegen die weiße Wand im Flur schmerzt noch mittags im Fuß. Noch nie habe ich mich derart ohnmächtig gefühlt. Wie ein zahnloser Tiger komme ich mir vor. Man hat mir Macht gegeben, die keine ist. Der Abbruch der Verhandlungen war das Signal, dass es für mich keine Zukunft bei der *Morgenpost* geben kann. Ich hatte mir ein klares Ziel gesetzt und werde es weit verfehlen.

Als ich in die Redaktion fahre, stelle ich mir vor, es das letzte Mal zu tun. Mir wird schummrig. In den Mittagsstunden bestätigt sich meine Ahnung.

High Noon im Büro des Geschäftsführers. Mit dabei: meine beiden Stellvertreter, unser Lokalchef und der neue Controller (ein kleiner, zahlengenialer Inder, unglaublich gepflegt, astrein gekleidet und sehr höflich). Die Stimmung: gereizt und angespannt. Wir gehen die einzelnen Positionen des Redaktionsetats durch, nehmen uns die Liste kalkulierter Kostensteigerungen vor. Da steht es. Das Budget für meinen Dienstwagen, auf den ich wegen der angespannten Lage bislang verzichtet hatte. Ich bekomme deshalb eine kleine Entschädigung, die im Etat keine Rolle spielt. Dieser Deal war Teil meiner Vertragsverhandlung vor anderthalb Jahren. Wir haben vereinbart, dass wir über den Wagen sprechen, wenn die Lage sich entspannen sollte. Das Auto ist Teil meines Gehalts, die Zeitung wirft Millionen ab. Sind die Stellenkürzungen durch, bin ich nicht länger bereit zu verzichten. Die Überlegungen gehen niemanden außer mich und den Geschäftsführer etwas an und gehören nicht in diese Runde. Schon gar nicht als Mehrkosten, die derzeit rein spekulativ sind. Auf meine Stellvertreter und jeden, der sich den Etatplan ansieht, muss es so wirken, als verursache mein Dienstwagen Mehrausgaben, die an anderer Stelle eingespart werden müssten.

Im ersten Moment glaube ich an ein Versehen.

«Was soll das? Genauso gut können wir hier über die Höhe unserer Gehälter diskutieren, gern auch über die der Verlagsleitung.»

Der Geschäftsführer guckt irritiert zum Controller.

«Wir wollten doch alle Themen zeigen, die Mehrkosten verursachen», entschuldigt sich das adrette Zahlengenie. Rechnen kann er wie ein Weltmeister, in Taktik und Diplomatie ist er eine Null.

In diesem Moment erlischt mein letztes Flackerlicht für diesen Laden. Ich kann kaum atmen. *Wenn ich jetzt etwas sage, wird meine Stimme beben.* Ich suche nach Worten.

Fünf Minuten später werde ich kaum mehr erinnern, was ich jetzt formuliere. In etwa das: «Das ist eine Unverschämtheit. Ich will eine einzige Planstelle mehr und muss sie mir abschminken, weil ich selbst angeblich zu hohe Kosten erzeuge. Das ist mein Ende als Redaktionsleiter.»

Ich stehe auf, gehe in mein Büro, rauche eine Zigarette. Ich zittere, spüre Wuttränen. Weil ich Kontaktlinsen trage, kann ich sie mir nicht aus den Augen wischen. Nach der Zigarette setze ich mich an meinen Rechner und schreibe die Kündigung neu. Heute Morgen an meinem Notebook habe ich das in vier Varianten getan. Alle erscheinen sie mir zu lang. Jetzt besteht sie aus einem Satz.

«Hiermit kündige ich meinen Vertrag wegen grundsätzlich gegenteiliger Auffassungen über die Personalplanung für das nächste Geschäftsjahr fristlos und mit sofortiger Wirkung.»

Ich beende das, was die letzten sieben Jahre mein Leben dominierte. Es wird mein letzter Tag bei der Zeitung sein, bei der ich im Oktober 2000 aufgeregt wie ein Kind an Weihnachten als Polizeireporter angefangen hatte. Die Zeitung, die mein Baby geworden ist. Bei der ich mich – trotz allem – sicher fühle, weil ich alle kenne und wir uns lieben, streiten, uns aufeinander freuen oder versuchen zu ertragen wie in einer Familie. Mit denen ich mehr Zeit verbringe als mit irgendeinem anderen Menschen in meinem Leben. Mit der wir sagenhafte Erfolge erzielt und schmerzvolle Niederlagen kassiert haben. Ich fühle mich wie in einer Beziehung, in der alles Schöne und Gemeinsame, das gewesen ist, mit einem Mal in den Hintergrund tritt, weil der andere gerade eingesteht, fremdgegangen zu sein. Von jetzt auf gleich ist die Wut auf den Partner stärker als alles andere. Die Kraft reicht nicht, die Verletztheit zu ertragen. Die Kraft reicht nur zum Schlussmachen und Wegrennen.

Ich gehe volles Risiko. Kommt der Verlag der Kündigung nach, bin ich morgen arbeitslos. Ich habe keinen neuen Job. *BILD* hatte mir ein Angebot gemacht. Ich habe gesagt, dass alles vom Verlauf der Etatverhandlungen abhängt. Das Angebot ist eine Option – ob es der Schlüssel zu meiner Zukunft ist, weiß ich nicht. Das Interesse scheint da zu sein, einen Vertrag habe ich nicht vorliegen. In diesem Augenblick ist mir das egal.

Ich bin alle. Ich muss weg. Was danach kommt, werde ich sehen.

Die Wochen nach meiner Kündigung sind die schlimmsten in meiner Zeit bei der *Morgenpost*. Enttäuschung, Verletztheit, Anspannung und Misstrauen machen meinen Abschied zur unwürdigen Tortur.

Am Tag nach der Kündigung hatte ich fest damit gerechnet, sofort freigestellt zu werden. Es passierte nicht. Selbst als mehrere Medien anrufen, mich nach den Gründen meines Abgangs fragen und ich meine Kritik an der Strategie des Investors und seinen Renditeerwartungen offen äußere, passiert nichts. Dem Geschäftsführer habe ich mitgeteilt, dass ich keine Rechnungen und Verträge mehr unterschreiben werde. So lange, bis mich das Haus freistelle, werde ich nur noch journalistische Aufgaben wahrnehmen. Ich bitte um ein Gespräch, in dem ich die Ernsthaftigkeit meiner Kündigung betone.

«Wir arbeiten an einer Lösung», antwortet der Geschäftsführer.

Mein Gefühl ist, dass er genau das nicht tut. Mich nach meinem Auftritt nicht nach Hause zu schicken, erscheint mir absurd. Spielt der Verlag auf Zeit?

Am nächsten Tag sage ich *BILD* zu. Zwei Angebote hatte ich in den vergangenen Jahren ausgeschlagen, jetzt bin ich reif. Ich soll Redaktionsleiter der Hamburg-Ausgabe werden. Dass das wieder ein Führungsjob ist, der mir mindestens den Einsatz abverlangen wird, den ich zuletzt geleistet habe, ist mir klar. Ich bin drin in der Mühle, und die dreht sich und dreht sich. Will ich das nicht mehr, muss ich aussteigen. *Vielleicht steige ich irgendwann aus. Jetzt noch nicht.*

Ich bin einerseits entsetzt über die Härte der Branche und halse mir andererseits noch mehr Arbeit in einem noch viel größeren Konzern mit noch schwierigeren Machtstrukturen auf. Ich bin müde und suche einen neuen Kick. Ich denke an die großartigen Reporterjahre und entferne mich mit dem nächsten Schritt noch weiter.

Was mache ich hier eigentlich gerade?

Mit *Springer* vereinbare ich, meinen Wechsel bald öffentlich zu machen, um Druck auf eine Vertragsaufhebung mit der *Morgenpost* aufzubauen. Eine Woche später kommt die Pressemitteilung. Der Geschäftsführer ruft mich zehn Minuten später zu sich und fordert mich auf, meinen Schreibtisch aufzuräumen. Ich sei mit sofortiger Wirkung freigestellt. Einen Aufhebungsvertrag bietet er mir nicht an, informiert aber die Belegschaft in einer knappen Rundmail über den Stand der Dinge.

Als ich das Gebäude verlasse, kann ich nicht sprechen. Einige Mitarbeiter umarmen mich, sagen «danke» und «mach's gut» und «schade». Andere gucken nur. Die meisten bekommen es gar nicht mit. Ein Kollege hilft mir beim Tragen meiner Sachen. Bepackt mit zwei Umzugskisten gehen wir zu meinem Auto. Nachdem wir eingeladen haben und ich mich verabschiedet habe, sitze ich eine halbe Stunde regungslos hinter dem Steuer. Das Gefühl der Ohnmacht weicht einem Anflug von Zuversicht. *Egal, was jetzt kommt, du hast dich von dem Schweinkram, der hier läuft, nicht vereinnahmen lassen. Wer dir das übel nimmt, soll es tun. Am Ende ist jeder für sich selbst verantwortlich.*

Ich rufe eine befreundete Anwältin an.

«Ich brauche deine Hilfe. Sie haben mich suspendiert, wollen aber den Vertrag nicht aufheben.»

«Damit kommen sie nicht durch, mach dir keine Sorgen. Ich vermittle dir einen super Kollegen.»

Dann rufe ich den *BILD*-Chef an.

«Ich bin raus. Kein schönes Ende.»

«Herzlich willkommen an Bord. Ich freue mich auf dich.»

Hinter mir liegen zwei arbeitsfreie Monate. So lange Pause hatte ich zuletzt nach dem Abi. Urlaub habe ich die letzten anderthalb Jahre kaum gemacht, dreimal eine Woche, das war's. Jetzt fühle ich mich trotzdem nicht erholt. Die Wochen zwischen meiner Freistellung und der Einigung mit der *Morgenpost* waren nervenaufreibend. Anwaltstermine, neues Kündigungsschreiben hier, Stellungnahmen da. Fünf Tage im Dezember war ich auf Mallorca. Ein Versuch, Abstand zu gewinnen. So groß wie die räumliche Distanz von zu Hause war die emotionale Distanz bei weitem nicht.

Immer wieder sollte ich meinen Wechsel auch im privaten Umfeld erklären. Die meisten wichtigen Menschen in meinem Leben haben meine Motivation, bei *BILD* zu arbeiten, akzeptiert. Einigen fiel das schwer, manche verstanden meinen Schritt überhaupt nicht. Sagte ich früher jemandem, was ich beruflich mache, fanden es die meisten spannend. Dass ich ein Boulevardblatt verantwortete, störte niemanden. Plötzlich ist das ganz anders.

«DU willst bei der *BILD* arbeiten?»

Ich weiß nicht, wie oft mir diese entsetzte Frage seit meiner Kündigung bei der *Mopo* schon gestellt wurde. Als hätte ich zugegeben, künftig in der Kriegswaffenindustrie mitzumischen. Bei *BILD* zu arbeiten, ist für viele bäh. Die Argumente sind immer die gleichen, oft sind es Klischees und Vorurteile. Die wenigsten Verteufler haben in den vergangenen Jahren eine *BILD* gelesen oder auch nur durchgeblättert.

Mich nervt mein Impuls, mich für meine Entscheidung rechtfertigen zu wollen. Die abfälligen Bemerkungen, der Generalverdacht, unter den mich manche Leute stellen, schmerzen. In solchen Momenten geht es meist um Artikel, die zehn und mehr

Jahre zurückliegen. Ich habe Bekannte von Freunden kennengelernt, mit denen ich mich spontan gut verstand – bis sie mitbeka-
men, wo ich arbeiten werde.

Für die *BILD* habe ich mich nicht als Fan der Zeitung entschieden. Fasziniert hat mich der Riecher, Themen der Straße journa-
listisch aufzugreifen, damit zwölf Millionen Leute zu erreichen
und den Medien-Ton im Land anzugeben. Größe und Macht, der
Mythos der Zeitung haben mich beeindruckt.

Abgesehen von ein paar Ausgaben im Urlaub hatte ich *BILD*
selbst erst regelmäßig zu lesen begonnen, als ich 1996 als freier
Mitarbeiter beim *Pinneberger Tageblatt* angetreten war. Mir impo-
nierte es, wie Texte verkürzt, verdichtet wurden, was ich auch an
den Artikeln feststellte, die ich an die Hamburger Umlandredaktion weiterverkauft hatte. Ihr Wahrheitsgehalt war nicht gesunken.
Damit hatte ich nicht gerechnet. Von da an wuchs mein Wunsch,
da eines Tages mitzumischen. Die Vorstellung, bei Deutschlands
größter Zeitung anzuheuern, kickte mich.

Nicht jedem Skeptiker versuchte ich, meine Sichtweise auf *BILD*
zu erklären. Auch künftig werde ich einige nicht überzeugen oder
auch nur zu einer differenzierteren Betrachtung bewegen können.
Manchmal denke ich doch, ich müsse alle bekehren. Von dieser
Vorstellung muss ich mich endgültig verabschieden. Es ist Utopie.

Kurz vor Weihnachten stimmte die *Morgenpost* meiner Kündigung
endlich zu. Vielleicht hatten die Verlagsmanager eingesehen, dass
sie mit ihrer Strategie vor Gericht scheitern würden. Vor allem
aber hatte sich nach Absagen einer ganzen Reihe favorisierter
Kandidaten doch noch ein Nachfolger für mich gefunden. Das entspannte die Situation.

Am 1. Februar geht es los. Vorerst werde ich die Hamburger
BILD-Redaktion mit dem amtierenden Chef leiten, der spätestens

in einem Jahr in die Bundesredaktion wechseln will. Diese zieht in drei Monaten nach Berlin, deshalb sollen wir uns als künftige alleinige Statthalter des Blatts in Hamburg positionieren.

Die Arbeit ähnelt der bei der *Morgenpost* und ist doch ganz anders. Bislang war ich in mittelständischen Unternehmen beschäftigt, jetzt bin ich Teil eines Mega-Konzerns. Hierarchien kenne ich kaum, auf einmal spielt es eine große Rolle, wer wem etwas sagt. Ruft der Chef an, ist das wichtig. Ruft der Chef-Chef an, ist das wichtig-wichtig. Beauftragt Ober Unter, etwas zu tun, versteht Unter das als Anweisung und gehorcht. Diskussionen zwischen Ober und Unter sind die große Ausnahme, Widerspruch gibt es fast gar nicht. Ich bin es gewohnt, Ideen kurzfristig umzusetzen. Jetzt muss ich lernen, für Ideen Zustimmung von allen möglichen Seiten einzuwerben. Jeder will mitreden, alle wollen gefragt werden. Je mehr Facetten ein Thema hat, je aufwendiger ist der Vorlauf, bis es grünes Licht gibt.

Bei der *Morgenpost* habe ich nach dem WM-Endspiel 2006 zwischen Italien und Frankreich zwei Titelseiten gedruckt. Eine vorn für den Sieger, eine hinten für den Verlierer. Das war ungewöhnlich, aber überhaupt kein Problem. Bei *BILD* wäre es undenkbar, dass ich so etwas allein entscheide. Wollte ein Konzertveranstalter die *Morgenpost* als Medienpartner gewinnen, hat er meine Mitarbeiter aus der Kulturredaktion angerufen und das abgesprochen. Bei *BILD* wird aus so einer Anfrage ein Vorgang, an dem mindestens drei Abteilungen zu beteiligen sind. Bei der *Morgenpost* war ich froh, wenn ich mit jemandem über die Formulierung der Schlagzeile mal länger als einen Augenblick reden konnte, bei *BILD* ist die Zeile ein Heiligtum. Für meine Hamburg-Ausgabe darf ich sie nur mit ausdrücklicher Zustimmung der Chefredaktion verändern, sollte ich ein Thema aus der Stadt für geeigneter erachten als eine überregionale Geschichte.

Ich muss mich rundherum umstellen, auch im Positiven, verwalte ich doch nun nicht mehr den Notstand, sondern kann aus dem Vollen schöpfen – personell und materiell. Das ist phantastisch, ich komme mir vor wie im Paradies. Aber es bedeutet auch, dass es keine Ausreden gibt, wenn etwas in die Hose geht. Bei der *Morgenpost* konnten wir im Notfall immer auf die schlechte Besetzung oder die veraltete Computertechnik verweisen. Bei *BILD* geht alles. Ich muss es nur richtig steuern.

Der Start verläuft so, wie ich ihn mir erhofft hatte. Ich werde herzlich empfangen, alle Mitarbeiter sind motiviert, ich kann mich einbringen, wir machen eine super Zeitung. Zwar vermisse ich die familiäre Atmosphäre von früher, meinen Seitenwechsel aber bereue ich nicht. *BILD* eröffnet mir einen neuen Horizont. Hier kann ich noch viel lernen. Bei der *Morgenpost* war der Takt flott, hier ist er rasant. Der Ton ist um einige Dezibel lauter, hier lärmt die Arbeit. Das gefällt mir, das habe ich gesucht.

Mit Chefredakteur Kai Diekmann verstehe ich mich von der ersten Begegnung an gut. Nichts von dem Gerede über ihn, das ich mitbekommen hatte, bestätigte sich in den Gesprächen vor der Vertragsunterzeichnung. Gefasst war ich auf einen dominanten Menschen mit Hang zur Arroganz und Großkotzigkeit. Ich erlebte eher das Gegenteil. Als er sich bei unserem ersten Treffen bei *Paolino*, seinem Lieblings-Italiener auf einem Ponton auf der Alster, zehn Minuten verspätete, rief mich seine Sekretärin an und entschuldigte ihn.

Die ersten Monate meiner Mitarbeit entzaubern den Mythos *BILD*. Die Redakteure kochen alle nur mit Wasser. Die Genialität der so simplen wie überzeugenden Ideen, mit denen *BILD* Furore macht, ist einigen wenigen zu verdanken. Alles drum rum ist viel normaler und banaler, als ich geglaubt hatte.

Dennoch, die Momente in denen es rundläuft, machen mich nach wie vor high. Tage, an denen wir unangefochten vorn liegen. Die sind nicht selten, wir haben oft einen schnurgeraden Lauf. Immer wieder gelingen uns außergewöhnliche Geschichten, regelmäßig bekommen wir exklusive Informationen. Sogar in der politischen Berichterstattung, eigentlich nicht Paradedisziplin der BILD, kochen wir die Konkurrenz ab und an ab. Unsere Polizeiredaktion ist die beste der Stadt, nur selten laufen wir Themen hinterher.

Es gibt Augenblicke, in denen stoße ich am Schreibtisch die Becker-Faust in die Luft und genieße den Adrenalinstoß, der mir durch die Adern zischt. Die Freude über eine Exklusivnachricht zu den Sparplänen des Senats oder die unglaublichen Bilder eines öffentlichen Beziehungsstreits mit Handgreiflichkeiten eines sehr prominenten Paars sind Momente, die mich faszinieren. Es sind die Erfolge, für die sich der ganze Aufwand, der Einsatz, die Entbehrungen zu lohnen scheinen.

In solchen Momenten kann ich mir nicht vorstellen, dass mir ein anderer Job diese Glücksgefühle bescheren könnte. Vielleicht ginge es mir als Fußballprofi ähnlich: Vor sechzigtausend Fans das entscheidende Tor zu schießen, würde mich wahrscheinlich noch mehr berauschen. Aber ich bin kein Fußballer.

Als Reporter fühlten sich Erfolge noch stärker an. Alles war neuer, ich war jünger. Die Artikel, die ich schrieb, kamen von mir. Heute liefere ich bloß die Idee zu manchem Thema. Das ist etwas anderes. Als Reporter war ich Spieler, als Chef bin ich Trainer. Über ein Tor freu ich mich als Trainer, als Spieler bin ich ausgeflippt.

Es sind exklusive Geschichten, die mich beflügeln. Es sind aber auch zwischenmenschliche Situationen. Steckt ein Mitarbeiter in der Krise und hat den Mut, mit mir darüber zu sprechen, ist das ein gutes Gefühl. Er bringt mir Vertrauen entgegen, die Hoffnung, ich könne ihm helfen. Wir diskutieren über seine Lage, überlegen uns einen Weg aus dem Loch, in dem er steckt. Es macht mich glücklich, den Mitarbeiter dabei zu beobachten, wie er zurück zu seiner Stärke findet.

Ich bin von meinen Chefs immer gefördert worden. Schwierige Situationen, neue Themen waren es, an denen ich als Volontär gewachsen bin. Ich musste mich an etwas herantrauen, bei dem das Risiko hoch war, zu scheitern. Meine Fehler waren Lehren. Die Erfolge waren gut fürs Selbstbewusstsein – gewachsen bin ich an den Rückschlägen.

ALLTAGSGALOPP ☆ Fast jeden Tag

Die Euphorie meines Jobwechsels überdeckt, in welcher psychischen und physischen Verfassung ich mich eigentlich befinde. Schon nach wenigen Monaten gibt mein Körper wieder Signale – der Rücken schmerzt, mein Magen rebelliert, das Herz rast. Aber das Tempo, der Krach der Arbeit übertönen das alles, sie fordern meine ganze Aufmerksamkeit, lassen keine Selbstbeschau zu. Alle Energie geht in den Job. Ich bin wieder drin in der Mühle, so wie vorher. Da bleibt nicht viel fürs Restleben. Eigentlich noch weniger als bisher.

Fast alle Tage beginnen gleich: Noch im Bett checke ich meine Mails, überfliege die Online-Ausgaben der großen Zeitungen. Morgens aufstehen, kein Frühstück, ein Glas Wasser, zwei Baldrian (gegen die Unruhe), eine Aspirin (gegen das Brummen im Kopf), das muss reichen. Ab ins Auto, drei Zeitungen lese ich beim Fahren. Das geht am besten, wenn sie auf dem Beifahrersitz liegen. Im Radio höre ich zwischen zehn vor und Viertel nach acht die Nachrichten dreier lokaler Sender. Im Stop-and-go-Geschleiche google ich Stichworte für Themen, die mir durch den Kopf schießen, ich schreibe Mails und beantworte die ersten. Bis zur Tiefgarage des Verlags fühlt sich alles okay an. Stress? Ja. Normaler Level, nichts Schlimmes.

Schlimm wird es, wenn der dunkle Garagenschlund unten im Verlag, der einem Betonmonster gleicht, meinen Dienst-BMW verschluckt. Dann wird es Nacht in mir. Jetzt beginnt sich die Mühle zu drehen, die Mahlsteine bewegen sich auf mich zu, die Schlinge um den Hals fängt an zu würgen.

Hier kommste erst in dreizehn Stunden wieder raus.

Ich will nichts mehr spüren, die Schraubzwinge ums Herz soll loslassen. Sie bleibt und krallt sich noch fester. Da krampft was in der Brust. Oder sticht es? Das fühlt sich nicht gut an.

Egal. Nicht reinsteigern. Funktionieren jetzt.

Drei Minuten später: Aufzug. Die erste Menschennähe des Tages. Die ekligste. Ich hasse es, spießige Männer-Rucksäcke in die Seite gedrückt zu bekommen, ich hasse Aufzug-Sprech, ich hasse es, stinkende Ei-Brötchen vors Gesicht gehalten zu bekommen, ich hasse die Schuppen des schmierigen Typen aus dem fünften Stock sehen zu müssen, ich hasse Lift-Quetscher. Ich steige in *U* ein. Ich muss im *13.* raus. Am meisten hasse ich die zwei Quatsch-Elsen, die im ersten Stock ein- und im zweiten wieder aussteigen.

Dreimal bin ich zu Fuß gegangen. Vierzehn Etagen. Oben angekommen, war mein hellblaues Hemd unterm Sakko nass. Sehr unpraktisch morgens um halb neun. Seitdem wieder Aufzug-Horror.

Im Büro bin ich auf meiner Etage der Erste. Ich falle in meinen Ledersessel und bin gestresst. Durchatmen.

Komm runter.

Dann lese ich, was ich im Auto noch nicht geschafft habe. Sieben Zeitungen. Erst die Hamburger, dann die überregionalen, davon erst die Boulevards, danach *Süddeutsche*, *FAZ*, *Welt*. Maximal dreißig Minuten. Zwischendrin immer wieder: Mails, Online-News, Agenturmeldungen. Mein größter Horror um diese Zeit: ein Anruf aus Berlin. Will der Chefredakteur, den alle nur «den Herausgeber» nennen, mich morgens sprechen, ist was schiefgegangen oder er hat einen dringenden Extrawunsch. Das kommt alle zwei Wochen vor, das ist im Vergleich zu anderen Ressorts ziemlich selten. Manchmal höre ich schon am Klingeln, dass er es ist. Ich erkenne das Chefklingeln trotz angelehnter Bürotür draußen im Sekretariat. Dorthin ist mein Telefon immer umgeleitet. Ich will nicht irgend so einen Blödmann, der meine Durchwahl rausgefunden hat, direkt am Apparat haben und mir ein Ohr abkauen lassen mit irgendeinem Mist.

Kommt tatsächlich ein Anruf, ist es fast immer okay. Der Herausgeber ist sachlich, klar, oft freundlich. Es ist nur dieser Gedanke, der Grund des Anrufs könnte ein Fehler von mir sein. Die Krux dabei: Diese böse Vision nährt keine schlechte Erfahrung. Ich werfe ihr meine Selbstzweifel zum Fraß vor. Die sind ihr Leibgericht.

Die Angst vor dem Chefklingeln meines umgeleiteten Telefons ist keine reine Kopfsache. Ich spüre sie körperlich. Mein Blutdruck klettert, mein Herz drückt, mein Magen krampft, Arme und Beine schmerzen, mein Atmen ist flach. Ich fühle mich schwach, ich glaube, keine Stimme mehr zu haben. Kommt jemand rein, muss ich kurze Sätze sprechen, für mehr reicht die Luft nicht. In meinem Kopf steht dicke Nebelsuppe, da ist keine Struktur, da ist alles und nichts. Ich würde jetzt gern weg sein, ganz weit weg. Ruhe haben. Ich bin zum einen: todmüde. Ich stehe zum anderen: total unter Strom. So sehr setze ich mich unter Druck, dass mich die Angst packt, durchzuknallen.

Ich stelle mir vor, verrückt zu werden. An meinem Schreibtisch im Büro. *Ich kann gerade noch aufstehen, schwanke, trete in den Flur. Meine Mitarbeiter blicken sorgenvoll von ihren Bildschirmen hoch. Sie sehen mir an, dass es mir dreckig geht. Ich sage zu meiner Sekretärin: «Ruf den Notarzt!» Dann falle ich um und liege da. Ich schließe die Augen. Ich versuche zu sagen, dass die Arbeit mich verrückt gemacht hat. Sie wollen mich beruhigen, kümmern sich rührend. Aber sie haben ein bisschen Angst vor mir, weil ich so entrückt wirke. Ich diesem Moment ahne ich: Ich komme nicht wieder, mein letztes Chef-Stündlein hat geschlagen!*

Es ist diese Ausbruchsphantasie, die mich befällt, wenn das Telefon morgens chefig klingelt. Meine Gesichtsmuskeln entspannen sich, und ich spüre einen Anflug guter Laune. Ausbrechen. Auch wenn ich dafür durchknallen muss, macht mich der Gedanke happy. Unter hundert Morgen sind vielleicht drei ohne diese Bilder. Also ungefähr ein Tag pro Monat. Einer ohne die körperlich schmerzende Horrorvision, in der ich eines Fehlers überführt werde. Ein Tag im Monat ohne Ausbruchsphantasie.

Woher wohl die Angst vor dem Ertapptwerden kommt? Ich erinnere mich an einen Vorfall in meiner Grundschulzeit. Es war in der dritten Klasse. Es muss Sommer gewesen sein, denn ich trug ein T-Shirt. Wir schrieben ein Diktat. Unser Klassenlehrer, Herr Kern, ein kauziger Typ Ende fünfzig mit fusseligem, dunkelgrauem Ziegenbart, dunkelgrauer Halbglatze und gekrümmtem Buckel, schlurfte zwischen zwei Tischreihen von vorn nach hinten und diktierte. Neben mir blieb er stehen. Ich spürte, dass das kein Zufall war. Er starrte auf meinen rechten Arm und fragte, was *das* da sei. Er meinte mein Abzieh-Tattoo aus einem Bazooka-Kaugummi, das ich mir aufs Handgelenk geklebt hatte. Ich war wie versteinert.

«So lassen dich deine Eltern in die Schule gehen? Musst du dir zu Hause nicht die Hände waschen?»

Ich schämte mich, wie ich mich noch nie geschämt hatte. Ich wollte mich nicht schämen, das Tattoo war harmlos, fast alle Kinder hatten so was schon mal auf ihrem Arm. Nur mit ganz großer Mühe konnte ich die Tränen unterdrücken. Es wären Wuttränen gewesen. Ich hatte in diesem Moment, ich war neun oder zehn Jahre alt, das erste Mal in meinem Leben den Drang, mich an einem Menschen zu rächen.

Nach der letzten Stunde bin ich sehr schnell nach Hause gegangen und habe meiner Mutter erzählt, was passiert war. Diesmal ließ ich den Tränen freien Lauf. Sie war sehr empört über den Lehrer, und die besten Freunde meiner Eltern, die gerade aus Hamburg zu Besuch waren, waren es auch. Ich habe meine Mutter gebeten, sich diesen Kern vorzuknöpfen und ihm die Leviten zu lesen. Sie hat sich mit ihren Freunden und am Abend mit meinem Vater besprochen und dann: nichts gemacht. Wahrscheinlich, um mich vor Repressalien zu schützen. Das habe ich damals nicht verstanden und war sehr enttäuscht.

Jahrelang hing mir dieses Erlebnis nach, noch heute steigt in mir Wut hoch, wenn ich an diesen Lehrer denke. Er hat unsere ganze Klasse tyrannisiert, mehrere Kinder traumatisiert. Eine Mitschülerin musste beim Verkehrsunterricht im Klassenzimmer mal dringend aufs Klo. Kern hat sie nicht gehen lassen. Wir hatten alle Tische und Stühle beiseitegeräumt, Kern hatte mit Kreide Straßen und Zebrastreifen auf den Boden gemalt. Wir Schüler waren Autos, Fahrräder, Fußgänger. Das Mädchen, das so dringend musste, war eine Mutter mit Kinderwagen. Es stand da mit verschränkten Beinen und pinkelte sich in die Hose. Das Pipi lief die Beine runter, über die Sandalen in die Socken und dann auf den Kreide-Zebrastreifen. Kern hat sich fürchterlich aufgeregt und die weinende Schülerin vor der ganzen Klasse alles aufwischen lassen.

Zehn Jahre später habe ich mit einem Freund Kerns Adresse ausfindig gemacht. Wir sind abends in der Dämmerung zu seinem Haus gefahren, die Garage stand offen. Wir wollten ein bisschen randalieren, aber da stand nichts, was wir hätten kaputt machen können. Nicht einmal ein Fahrrad, aus dessen Reifen wir die Luft hätten rauslassen können. Wir haben in seine Garage gepinkelt und sind nach Hause gefahren.

Die Bloßstellung durch meinen Klassenlehrer vergesse ich nicht. Er war eine Autorität, unberechenbar und saß aus Sicht meiner Eltern am längeren Hebel. Obwohl sein Verhalten völlig inakzeptabel war, kam er damit durch.

Heute ist es so: Je mächtiger derjenige ist, der mir gegenübersteht, desto unwohler fühle ich mich. Erst recht, wenn derjenige sich dominant, anmaßend, unsympathisch verhält. Wenn er mich an Kern erinnert.

Ertappbar fühle ich mich, wenn ich mir meiner Leistung, meiner Position nicht sicher bin und glaube, keine überzeugende Antwort auf drohende kritische Fragen zu haben.

So wie jetzt, wenn ich morgens im Büro sitze und den Anruf aus Berlin fürchte. Mein mächtiger Chef könnte einen Patzer in der Zeitung entdeckt haben, mich nach der Ursache fragen, und ich könnte keine plausible Erklärung parat haben. Einen Fehler zu machen und dabei erwischt zu werden, wird für mich schnell zum Auslöser, meine Kompetenz in Frage zu stellen. Ich will keine Fehler machen. Ich hasse das.

Es klingelt chefig, meine Sekretärin verbindet, und der Herausgeber bittet mich, mich mal mit dem Geschäftsführer eines Unternehmens zu treffen, den er am Vorabend kennengelernt hat und interessant findet. Harmloser geht es nicht. Ich atme durch, fühle mich wie freigesprochen. *Spinnst du eigentlich? Niemand will dir was Böses. Kapier das endlich!*

Meine Sekretärin kommt ins Zimmer und sagt, dass sich ein Redakteur und eine Layouterin krankgemeldet haben. Der Redakteur sollte heute ein Interview, das ich für die aktuelle Ausgabe eingeplant habe, führen. Wir müssen kurzfristig umdisponieren.

«Ey, wie das nervt. Sind wir ein Lazarett hier?», frage ich.

«Hm, manchmal wirkt es so», antwortet meine Sekretärin.

Einen Tag ohne Krankmeldung gibt es fast nicht. Oft ärgere ich mich über die Ausfälle. Es gibt Mitarbeiter, denen glaube ich nicht, dass sie krank sind. Die haben einfach keinen Bock, aber ich kann es ihnen nicht beweisen. Das wissen sie und behaupten deshalb Gott weiß was.

Verärgert weiter. Ich gucke wieder in meine Mails, beantworte eilige, schreibe eilige an Mitarbeiter, den General Manager, an einen Kollegen vom Fernsehen. Ich verabrede mich für nächste Woche mit einem Senator zum Lunch. vereinbare einen Besprechungstermin mit einem Veranstalter und bitte meine Sekretärin, den Geschäftsführer, der es dem Herausgeber so angetan hat, zu einem Redaktionsbesuch einzuladen. Ich gucke wieder auf die Online-News, wieder in die Agenturmeldungen. Ein Blick auf die Zahlen im Monatsreport des Redaktionsetats. Alles prima, acht Prozent unter Kalkulation. Ich formuliere Fragen für ein Bürgermeister-Interview, das ich nachher mit dem Leiter unserer Rathausredaktion führen werde.

Zehn vor zehn kommen meine Führungskräfte und präsentieren mir die Themen aus ihren Ressorts. Politik, Wirtschaft, Polizei, Show, Gericht und Reportage. Der, der am wenigsten zu verkaufen hat, redet am längsten. Immer das Gleiche. Glaubt der, ich merke das nicht? Die Zeit rennt, fünf Minuten noch bis zur großen Konferenz.

Ich sage: «Bitte schneller!»

Wir gehen in den Konferenzraum. Einer scherzt, drei lachen. Ich würde gern mitlachen. Es geht nicht. Meine Mundwinkel fühlen sich an wie taub. Dreizehnter Stock, Blick über die City in Richtung Alster. Noch zwanzig Mitarbeiter mehr in der Runde als vorher. Ich bestimme einen, der etwas zur aktuellen Ausgabe sagen soll. Er hühnert rum, er hat die Zeitung offensichtlich nicht gelesen – außer seinen eigenen Artikel. *Na, bravo.*

Ich sage: «Bitte morgens Zeitung lesen – die eigene, die anderen!»

Ich umreiße kurz die wichtigsten Themen, ich frage nach weiteren Vorschlägen. Eine Volontärin würde gern was übers Wetter machen.

«Schon vier Tage Regen, und bis zum Wochenende soll's nicht besser werden», sagt sie.

«Aha.»

«Findste doof?»

«Geht so. Wie geht denn deine Geschichte?»

«Weiß auch nicht. Tipps, was man bei Regen machen kann?»

«Hm, haut mich nicht um. Hat sonst noch jemand was?»

Der Polizeireporter: «In Wandsbek haben sie eine Haschplantage entdeckt.»

«Das steht auf dem Themenplan.» Den haben alle vor sich liegen.

«Ach so.»

«Fällt jemandem was ein, das nicht auf dem Themenplan steht?» Schweigen.

Ich sage: «Bitte morgen mehr Vorschläge!»

Zehn Minuten später ist Schalte. Zwanzig Regionalredaktionen klinken sich per Telefon in die Berliner Bundeskonferenz ein. Ein deutscher TV-Mensch ist zur Blattkritik gekommen. Der Herausgeber fragt ihn nach seiner Meinung zur Europapolitik der Kanzlerin. Der TV-Mensch schwurbelt, merkt es, versucht, sich mit der Entschuldigung zu retten, das sei nicht sein Metier. Die beste Blattkritik, die ich erlebt habe, hat vor ein paar Wochen Dieter Bohlen abgeliefert. Er war gut vorbereitet, kritisch, hat gute Vorschläge gemacht. Er hat sich keinen Deut angebiedert. Hut ab. Viele fürchten offenbar, sie bekämen was auf die Glocke, sollten sie *BILD* zu hart anfassen. Sie sagen nicht, was sie denken, und langweilen alle mit ihrer bemühten Freundlichkeit.

Ist das überstanden, schlägt jeder Redaktionsleiter eine Schlagzeile aus dem Themenplan vor, der an alle verschickt wurde. Der Herausgeber gibt einen Überblick über die Schwerpunkte, und das war's.

Weiter geht's mit der ersten Optik. Sichtung der Fotos, die schon vorliegen. Drei Unfälle, die Haschwohnung, ein Lokalpolitiker, der seinen Parteifreund verklagt, und ein paar riesige Pfützen an der Alster für die Wettergeschichte, die mich nicht überzeugt. Kein Foto, das heraussticht. Der Tag verlangt Nerven.

Nächste Konferenz. Mit den Ressortleitern mische ich den Lokalteil. Wir legen fest, welche Themen Seitenaufmacher werden, lästern über die Kolumne eines ehemaligen Verlagsmanagers, der nicht loslassen kann, formulieren Überschriften. Einer macht einen trockenen Witz. Das erste Mal, dass ich heute lache.

Schon halb eins!

Pulsgalopp.

Ich gehe in mein Büro, sichte Post, sage drei Einladungen ab, eine zu, gucke auf das Foto einer Praktikumsbewerberin, notiere «ok!» auf ihre Unterlagen und leite sie an die Personalabteilung weiter. Das Interview mit dem Bürgermeister! Noch zwanzig Minuten. Wir eilen rüber ins Rathaus.

«Hallo, na, wie geht's?»

«Bestens. Und selbst?»

«Danke, alles gut. In der Koalition läuft's abgesehen von Kleinigkeiten ganz anständig.»

«Ist das wirklich so? Bei uns kommt viel Murren an.»

«Ach, ein paar, die murren, gibt's doch immer. Sicher auch bei Ihnen in der Redaktion. Was macht die Auflage?»

«Ziemlich stabil, im Vergleich zu anderen kaum Minus.»

«Na prima.»

«Wir sollten jetzt anfangen, hm?»

«Ja, gern!»

Ich mag den Bürgermeister.

Schnell zurück in die Redaktion. Eine Viertelstunde noch bis zum Jour fixe mit den Verlagsabteilungen. Zu spät für die Kantine. Ich hole aus dem Bistro zwei Wiener, vier Portionen Senf, ein Päckchen Erdnüsse, ein Snickers. Schlingschling am Schreibtisch. Nebenbei: Mails, Agenturen, Postmappe.

SMS von meinem Kumpel Tim: *Wolln wir uns sehen? Kann ab neun.* Ich sage zu. Bier mit Tim. Mein Tagesziel.

Sieben Minuten über die Zeit. Ab in die Verlagsrunde. Die Verkaufszahlen sind einigermaßen stabil, der Abstand zu den anderen ist größer geworden. Der Vertriebschef sagt: Das kann jederzeit kippen. Solange es nicht kippt, freut er sich. Ich auch. Jeder glaubt, es sei sein Erfolg. Sind die Zahlen schlecht, ist der andere schuld. Der Anzeigenleiter hat weniger gute Nachrichten: Minus im Vergleich zum Vorjahr. Stirnrunzeln, Sprüche, und alle denken es: Wir jammern auf hohem Niveau, *BILD* ist noch immer megaerfolgreich.

Zuckerbrot und Peitsche, so ist das immer in der Verlagskonferenz. Jeder schönfärbt, so gut er kann, und frotzelt über die Schönfärberei der anderen. Manchmal ist das ganz amüsant, oft aber bearbeite ich meine Mails auf dem iPhone und frage mich, ob den anderen die Zeit genauso wegläuft wie mir.

Schon fast halb fünf!

Hitzewelle.

Laufschritt zurück in den Produktionsraum. Im Magen brodeln WurstSenfNussSchoko. Drei Fotografen sind noch nicht wieder da, mindestens einer zu viel für die Uhrzeit. «Jetzt aber mal flotti!»

Seitenkontrolle im Layout.

Eine Überschrift texte ich neu.

Ich tausche zwei Fotos.

Ein Artikel muss zur Überarbeitung an den Autor zurück.

Freigabe des Konzepts für eine neue Serie.

Eine Redakteurin kommt mit einem Antrag auf Fortbildung.

Alle zehn Minuten: Mails.

Alle dreißig Minuten: Online-News.

Alle fünfundvierzig Minuten: Agentur-Meldungen.

Das Telefon klingelt pausenlos.

Schon wieder.

Meine Sekretärin.

«Jetzt nicht.»

«Es ist der Chef.»

«Ah.»

Klickklack.

«Hallo, Kai.»

«Heute Abend ist die Gala im *Jacob's*. Machst du groß, ja?!»

«Halbe Seite ist eingeplant.»

«Größer, ja?!»

«Heißt genau was?»

«Größer. Okay? Danke.»

Klare unklare Anweisung, das ist seine Spezialität. Meine Verantwortung nimmt er mir nicht ab.

Hitzewelle.

Ich sage: «Leute, die Gala doppelt so groß!»

Das wird ein langer Abend. Der Chef ist selbst bei der Gala, vielleicht wird er sich von da noch mal melden. In jedem Fall wird er morgen unseren Bericht sezieren. Silbe für Silbe, Fotopixel für Fotopixel. Das muss ich auch machen, bevor die Seite nachher in den Druck geht.

Im Bauch brodelt's.

Meine Verabredung mit Tim kann ich knicken. Ich schreibe ihm eine SMS: *Geht heut nicht, wird wieder spät hier. Sorry.* So ist das immer, du darfst dir in diesem Job einfach nichts vornehmen, schon gar nichts Privates. Sowieso mache ich das nur maximal einmal in der Woche – und doch kommt im letzten Moment immer etwas dazwischen. Murphy's Law.

Blick ins Layout.

Ich sage: «Lasst mit den anderen Seiten fertig werden, volle Konzentration auf die Gala!»

Die Ressortleiter redigieren Artikel ihrer Redakteure, wir formulieren die Schlagzeile für den Aufmacher auf Seite drei, unsere erste Lokalseite. Die besten Zeilen kannst du singen, die allerbesten sogar skandieren. «Wir sind Papst!» – «Rudi haudi Saudi!» – «Litti, Wutti, Klinsi – Bumm, bumm, bumm!»

Dann wieder Mails.

Dann wieder Online-News.

Dann wieder Agenturen.

Ab halb sechs lese ich die redigierten Artikel, redigiere den Aufmacher ein zweites Mal.

Um sechs liegt endlich die vorletzte Fotoproduktion vor. Das Ergebnis ist mäßig, ich hatte mir das anders vorgestellt. Der Fotochef sieht, dass ich unzufrieden bin. Er ist es auch. Er will mit dem Fotografen sprechen.

Ich sage: «Okay, egal jetzt.»

Die Gala!

Kurz nach sieben nehme ich mit den Führungskräften die Seiten ab. Jeder hält einen Ausdruck in Händen, wir gehen Überschriften, Unterzeilen, Texte, Bildunterschriften, Fotoplatzierungen, Grafiken und Themenmischung durch. Der Spätdienst notiert die Änderungswünsche.

Dann, das erste Mal an diesem Tag, eine halbe Stunde so etwas wie Entspannung. Die Gala hat noch nicht begonnen. Ich sollte jetzt: mir Gäste für die nächste Sendung überlegen, die ich bei einem lokalen TV-Sender co-moderiere, mir den Entwurf der Etatplanung fürs nächste Jahr mal genauer angucken, das Bürgermeister-Interview redigieren, das wir übermorgen drucken wollen, mit dem Fotochef über die Optimierung der Fotoqualität reden, meinen Gastbeitrag für das Hamburg-Special eines Wohnmagazins schreiben, mit Tim zumindest ein paar Minuten telefonieren. Ich sollte. Ich müsste. Ich kann nicht.

Das erste Mal heute kein Druck.

Trotzdem wieder: Blick in die Mails, Blick in die Online-Dienste, Blick in die Agenturmeldungen.

Danach mal ganz locker. Ich surfe im Netz, lese Banalitäten meiner Facebook-Freunde.

Ich gähne.

Um halb neun kommen die ersten Gala-Fotos, um neun ruft die Klatschreporterin an.

«Wie läuft's?»

«Gut. Sind alle gekommen, die angekündigt waren. Haben ganz geile O-Töne.»

«Chef da?»

«Ja!»

«Gut drauf?»

«Total locker!»

Keine Hitzewelle.

Der Rest ist Routine. Fotos aussuchen, Text redigieren, Bildunterschriften checken. Alle Namen richtig geschrieben? Die letzte Headline des Tages. Ich texte was mit Herz, Liebe, alles schön. Automatismus.

Seite zum Drucker, Seite zum Korrektor, Seite zu mir. Die Augen brennen. Buchstaben-Domino. Fehler in der Bildunterschrift. Schroeder, nicht Schröder! *Mann!*

Seite zum Chef vom Dienst, noch einen Buchstabendreher verbessern. Kurz vor elf. Die Druckerei ruft an. «Wo bleibt eure Seite?»

Am Ende: Mails, Online-News, Agenturen.

Als ich mein Auto aus der Tiefgarage steure, ist es halb zwölf. Ich bin zufrieden. Und alle.

Was mache ich hier eigentlich?

Die Müdigkeit traut sich aus ihrem Versteck und zeigt ihre kräftige Statur. Ich gähne alle zwanzig Sekunden. Laut und lange. Ich will noch nicht ins Bett. Eine Stunde am Tag wach sein ohne Arbeit, das ist doch wohl das mindeste. Ich fahre in meine Stammkneipe. Nur ein Weizen. Um zwei sind's drei und zwei Cuba libre.

Angerauscht kippe ich ins Bett.

Das letzte Mal Mails.

Das letzte Mal Online-News.

Dann: Koma.

STRESS ☆ Dauernd

Je ehrlicher ich mich mit der Schattenseite meines Jobs ausein-
andersetze, desto aufmerksamer beobachte ich, wie andere mit
dem Druck umgehen, der auf ihnen lastet. Sei es privat in ihrer
nicht funktionierenden Beziehung, in der Erziehung ihrer Kinder, in der ehrenamtlichen Verantwortung für ein umstrittenes
Projekt oder eben in ihrem Beruf. Die wenigsten stecken das weg.
Fast allen ist ihr Stress anzusehen. Sie reagieren unterschiedlich
auf die Belastungen, scheinen aber alle aus dem gleichen Holz ge-
schnitzt. Sie wollen viel, haben viel, geben alles und sind dennoch
nicht glücklich. Sie leiden. Jeder auf seine Art, irgendwie aber
auch als Stressgemeinschaft.

Ich sehe jemandem schnell an, ob er Teil der Gemeinschaft
oder eine entspannte Ausnahmeerscheinung ist. Aus den Beobach-
tungen mache ich bald meine eigenen Typen-Kategorien auf.

Stress-Typ 1, der Cholerische

Übelste Sorte von allen, insbesondere männliche Vertreter. Läuft
alles so, wie er es sich vorstellt, ist der Choleriker entspannt. Er ist
freundlich, kommt sympathisch rüber, gegenüber Frauen gibt er
den Charmeur, im Umgang mit Geschlechtsgenossen ist er kum-
pelhaft, zeigt sich interessiert und trifft den richtigen Ton. Erzählt
dir jemand von seiner düsteren Seite, willst du nicht glauben, was
du hörst. Emotionale Extremausbrüche scheinen unvorstellbar –
bis es passiert. Oft reicht schon ein kleiner Patzer, und der Choleriker legt los. Innerhalb von Sekunden rauscht er auf 180. Er verliert
von einem auf den anderen Augenblick die Contenance, pöbelt,
schreit, tobt. Ich selbst habe nie unmittelbar mit einem Choleriker
zusammenarbeiten müssen. Aber ich habe wilde Geschichten ge-

hört: Einer hat Mitarbeiter, die seiner Meinung nach einen Fehler gemacht hatten, zu sich zitiert und sie mitten in der Redaktion vor allen Augen runtergeputzt. Er soll kein gutes Haar an ihnen gelassen haben. Wer so einen Einlauf kassiert hätte, sei fix und fertig gewesen, habe fest damit gerechnet, gefeuert zu werden. Das sei jedoch nie passiert. Oft sei schon am nächsten Tag alles vergessen gewesen, zumindest für den Chef. Der habe sich wieder lammfromm verhalten, habe den geschlachteten Mitarbeiter für eine tagesaktuelle Leistung gelobt und so getan, als passe zwischen die beiden kein Blatt Papier.

Ein noch krasserer Fall: Ein ehemaliger Chefredakteur soll bis vor ein paar Jahren regelmäßig derart ausgerastet sein, dass ihm der Verlag eine Therapie verordnet habe. In Ungnade gefallene Mitarbeiter soll der Kerl mit Bürowerkzeugen wie Tackern beworfen haben. Ich habe den Kollegen beobachtet, im Alltag unter Führungskräften wirkt er unauffällig, ordnet sich allen, die in der Hackordnung über ihm stehen, schon fast lakaienhaft unter. Einfachen Mitarbeitern gegenüber verhält er sich betont chefig, kommt ihnen zuweilen arrogant bis abfällig.

Stress-Typ 2, der Infarkt-Jäger

Er tut vor allem sich selbst weh. Er frisst alles in sich rein, versucht, allem und allen gerecht zu werden, hat ständig Panik, dass ihm die Dinge über den Kopf wachsen. Ausgleich? Ist für ihn ein Fremdwort. Er malocht, was das Zeug hält, arbeitet sich im Wortsinn zu Tode. Der Infarkt-Jäger gönnt sich keine Ruhe, er steht ständig unter Strom. Mit dieser Situation hat er sich arrangiert, sein Körper hat sich an den hohen Taktschlag gewöhnt. Oft kommt der Kollaps deshalb in einer Phase der Entspannung. Die kennt der Gestresste gar nicht, die überfordert ihn. Beim Versuch, in die Balance zu kommen, knallen alle Sicherungen durch.

Stress-Typ 3, der Zyniker

Seine Ironie, sein Sarkasmus und Zynismus stiften oft Verwirrung, stoßen andere vor den Kopf. Ist dem Gegenüber nicht klar, ob ein Spruch todernst gemeint oder eben nur eine spitze Bemerkung ohne Hintergedanken ist, traut er dem Absender bald nicht mehr über den Weg. Der Zyniker bekommt mit seiner indirekten Art oft Probleme. Dennoch: Die Wahrheit mit einem Augenzwinkern auszusprechen, hilft manchem Gestressten, sich ein wenig zu entlasten. Er kann Druck ablassen, wenn er zotig über seinen Vorgesetzten herzieht, den geschossenen Bock eines Mitarbeiters thematisiert oder den anstrengenden Kollegen pointiert imitiert. Der Zyniker zeigt seinen Stress selten offen. Ist seine Sprüche-Frequenz hoch, ist es auch sein Belastungspegel.

Stress-Typ 4, der Zappelphilipp

Er ist dem Infarkt-Jäger nicht unähnlich. Der Zappelphilipp ist in ständiger Unruhe, immer aufgedreht und in Bewegung. Sich mal für eine Weile ruhig mit Kollegen zusammenzusetzen, ein Thema ausgiebig zu diskutieren und eine Strategie zur Umsetzung zu erarbeiten, ist für ihn ein Ding der Unmöglichkeit. Er muss immer in Action sein, in Konferenzen hibbelt er unentwegt auf seinem Stuhl hin und her. Seine Finger brauchen immer etwas zum Spielen, am liebsten einen Kugelschreiber, dessen Mine er unablässig raus- und wieder reindrückt; manchmal zerlegt er auch den ganzen Stift in seine Einzelteile und versucht, ihn dann ungeduldig wieder zusammenzubauen. Meist gelingen ihm derart feinmotorische Aufgaben nicht. Das stört den Zappelphilipp nicht besonders (der Choleriker würde hier schon die Nerven verlieren). Er sucht sich einfach das nächste Schreibgerät, ein Blatt Papier, das er endlos faltet, rollt, in Stücke reißt, oder sonst irgendetwas in seiner Reichweite. Diesem Stress-Typ kann es nie schnell genug gehen. Er möchte unbedingt weiter, wirkt immer getrieben und bestimmt von seiner inneren Unruhe. Im Gegensatz zum Infarkt-Jäger ist der Zappelphilipp weniger gesundheitsgefährdet. Er lässt den Druck so gut es geht weichen, indem er sich körperlich abreagiert.

Stress-Typ 5, der Dramatiker

Er macht sich das Leben besonders schwer. Ist von sich selbst wenig bis gar nicht überzeugt, sieht sich deshalb ständig dem Untergang geweiht. Macht aus einer Mücke einen Elefanten. Verläuft alles in ruhigen Bahnen, herrscht für den Dramatiker Land unter. Ohne ersichtlichen Grund löst er fortwährend Katastrophenalarm aus und macht damit alle verrückt. Jede Entscheidung scheint für ihn eine unüberwindbare Hürde zu sein. Er ist darum in einer Tour dabei, sich Rat einzuholen. Schon bei der kleinsten Unsicherheit, also eigentlich immer, befragt er alle, vom Praktikanten bis zu seinem Stellvertreter, nach ihrer Meinung. Das hilft ihm in den meisten Fällen wenig bis gar nichts, da ihn die oft unterschiedlichen Einschätzungen nur noch mehr verunsichern. Am Ende wählt er fast immer den richtigen Weg. Er macht seinen Job gut, hat Erfolg. Das hindert ihn nicht daran, die nächste Herausforderung erneut zu dramatisieren.

Die meisten Gestressten sind keine Reinform eines dieser Typen. Ich selbst sehe mich als eine Mischung aus Zyniker und Infarkt-Jäger.

MUFFENSAUSEN ☆ Viel zu oft

Es gibt Tage, da traue ich mich nicht vor die Tür. Ich möchte morgens das Bett nicht verlassen, wünsche mir, auf der Stelle krank zu werden, um mich bei denen, die mich erwarten, mit einem aufrichtigen Grund entschuldigen zu können. *Es tut mir leid, aber wie Sie vielleicht hören, kann ich kaum sprechen. Ich muss leider absagen.*

Aber ich werde nicht krank. Wahrscheinlich bin ich chronisch arbeitsunfähig, wahrscheinlich würde mir jeder Arzt sofort ein Attest ausstellen, mich zur Kur schicken, auf kalten Entzug setzen. Arbeitsentzug. Von jetzt auf gleich. *Oder wollen Sie sterben, Herr Onken? Noch ein Schuss Stress, und Sie kippen um. Wollen Sie das?*

Will ich das? Eigentlich nicht, aber manchmal bin ich mir nicht so sicher. Wie an jenen Morgen, an dem mich die Angst vor draußen befällt. Es passiert meist an solchen Tagen, an denen mir eine besondere Aufgabe bevorsteht. Fast immer eine Aufgabe, die ich mir selbst gesucht habe. Zum Beispiel eine Moderation. Wochenlang habe ich auf eine Sendung oder eine Veranstaltung hingearbeitet. Nun ist er da, Tag X. Und ich hab Muffensausen.

Aber ich brauchte das. Ein Projekt. Eine Herausforderung abseits der täglichen Routine. Etwas, das mich ablenkt. Ein besonderer Stress, der den gewohnten Stress überlagert. Außergewöhnlicher Stress ist mir immer noch lieber als Alltagsstress. Wenn schon, denn schon. Ohne Stress geht's ohnehin nicht.

Am Morgen eines solchen Tages verfluche ich mich dafür, mir dieses Projekt aufgehalst zu haben. Warum machst du nicht einfach deinen Job, Dienst nach Vorschrift? Warum brauchst du obendrauf immer noch eine Extrawurst? In diesem Moment stelle ich mir nichts schöner vor als den Augenblick, in dem ich die Aufgabe bewältigt habe. Ich sage mir, danach wird es dir so gutgehen wie noch nie in deinem Leben. Du stehst vor einer unangenehmen, gewaltigen Herausforderung. Deshalb wirst du hinterher unglaublich erleichtert sein. Es wird sich besser anfühlen als der wunderbarste Geburtstag, den du je gefeiert hast. Das sind Gedanken, die mir durch den Kopf gehen, wenn ich morgens im Bett liege und die Angst vor draußen mich aufzufressen droht. Mein Herz jagt, ich bin unerträglich nervös. Ich sehe mich vor der Kamera oder auf der Bühne vor all den Menschen stehen und spüre eine tausendfache Aufmerksamkeit, die sich auf mich richtet. Die Vorstellung macht mich fast irre. Ich, öffentlich zur Schau gestellt als Studienobjekt: Wie reagiert der menschliche Körper auf emotionalen Stress?

Ich liege auf meiner nassgeschwitzten Matratze und schwanke zwischen dem Wunsch, mich in Luft aufzulösen, und dem Pflichtbewusstsein, nun endlich in die Gänge zu kommen. Was wäre wohl, würde ich heute verschwinden? Einfach nicht mehr da sein, vom einen auf den anderen Moment abtauchen und nie wieder ein Lebenszeichen zu senden? Wann würde der Erste mich vermissen? Und wer wäre das? Vermutlich meine Sekretärin, etwa eine halbe Stunde nach meinem üblichen Arbeitsbeginn. Sie würde mich wahrscheinlich anrufen, mir eine Nachricht auf der Mailbox hinterlassen und sich eine halbe Stunde später erneut melden. Und dann? Im Laufe des Vormittags würde eine kleine Lawine losbrechen. Mein Handy würde im Minutentakt klingeln, bald auch das Festnetztelefon, dessen Nummer kaum einer kennt. Vermutlich würde spätestens mittags jemand vor der Tür stehen. Würde an der Haustür klingeln, sich irgendwann mit Hilfe von Nachbarn Zugang zum Treppenhaus verschaffen, um direkt an meiner Wohnungstür erst zu klingeln und dann zu klopfen. Am Nachmittag würde mein Büro versuchen, meine Eltern oder meine Ex-Frau zu kontaktieren. Einer von ihnen würde mit einem Schlüssel kommen und in meiner Wohnung nach mir sehen. Ich wäre nicht da. Kein Hinweis auf meinen Verbleib. Alles sähe so aus, als hätte ich morgens wie jeden Tag die Wohnung verlassen, um zur Arbeit zu fahren. Am Nachmittag würde die Redaktion die Polizei einschalten. Die täte erst mal nichts. Ich bin erwachsen, es ist mitten am Tag, es gibt keinen Grund, an ein Verbrechen oder Suizid zu glauben. Warum also die Pferde scheu machen? Eine Fahndung würde vielleicht am nächsten Tag anlaufen. Ergebnislos. Einen weiteren Tag später würde ich wahrscheinlich in einigen Zeitungen und eventuell sogar im Fernsehen zu sehen sein. Wer hat den BILD-Chef gesehen? Keine Hinweise. Ich bliebe verschwunden, verschluckt, einfach weg. Wäre ich Gesprächsthema? Vermutlich eine Zeitlang – wie lange, zwei Wochen? Schreckliche Sorgen würden sich machen: meine Eltern, mein Bruder, mein Sohn, meine Ex-Frau, meine Ex-Freundin, meine Freunde, viele Kollegen (nicht alle). Mein Verschwinden wäre ein mysteriöses Rätsel.

Wann würde meine Stelle nachbesetzt? Nach ein paar Wochen kommissarisch, nach drei Monaten offiziell? Wann hätten sich die meisten an mein Nicht-mehr-da-Sein gewöhnt? Nach zwei Monaten, nach einem halben Jahr?

Ich liege noch immer im Bett und bin weit weg von dem, was mir heute bevorsteht. Mein Körper fühlt sich wie taub an. Ich komme mir vor, als hätte ich keinen Kontakt mehr zu dem, was wirklich ist. Als schwebe ich im luftleeren Raum. Als kriege ich die Welt und die Welt mich nicht mehr zu fassen.

Ich zwinge mich, die Gedankenreise zu beenden. Beim Aufstehen merke ich, dass ich noch nicht ganz bei mir bin. Wie ferngesteuert geh ich pinkeln, stelle mich unter die Dusche, zieh Boxershorts, Hemd, Anzug, Socken, Schuhe an. Ich gucke in den Spiegel im Flur und erkenne mich kaum. Beim Zuziehen der Wohnungstür denke ich: Hier gehst du erst wieder rein, wenn du es hinter dir hast. Die Situation ist in diesem Moment unvorstellbar. Vielleicht überlebe ich es gar nicht. Dann kehre ich nie zurück.

FILMRISS ☆ Oktober 2008

Alkohol ist ein wunderbarer Erlöser. Ein kräftiger Rausch befreit, macht locker und leicht. Ein paar Gläser Bier, eine halbe Flasche Wein, ein Longdrink oder ein doppelter Kurzer – plötzlich erscheint das nicht für möglich gehaltene Ende eines Stresstages ganz nah. Wie schnell man da zum Säufer werden kann! Alkohol ist nahezu immer verfügbar, getrunken wird allzeit und überall. Ab und an, leider viel zu selten, verordne ich mir eine Trinkpause. Ein paar Wochen ohne Alkohol – gar nicht so leicht.

Nicht derjenige, der trinkt, fällt auf, sondern derjenige, der es nicht tut. «Geht es Ihnen nicht gut?» – «Sie müssen wohl noch fahren?» – «Sind Sie Anti-Alkoholiker?»

Ich erinnere kaum eine Situation, in der ich Bier oder Wein ablehne und nicht gefragt werde, wieso. Bin ich ehrlich und sage, ich möchte mal eine Pause einlegen, weil man bei den vielen Terminen und Veranstaltungen ja regelmäßig in Versuchung gerate zu trinken, handle ich mir diesen Blick ein. Den Blick, der mich prüfend mustert als einen, für den Alkohol zum Problem geworden ist. Einer, der dies immerhin selbst erkannt und die Notbremse gezogen hat.

Seit ich fünfzehn, sechzehn war, habe ich bis auf kurze Pausen immer getrunken. Meist mehrmals die Woche, die vergangenen Jahre nahezu täglich. Oftmals mehr als ein, zwei Gläschen zum Essen, auch härteren Stoff, ich liebe Cuba libre und Gin Tonic. Solche Drinks schmecken mir, außerdem schätze ich ihre rasante Wirkung.

Alkohol ist mein Stressvertreiber, mein Sorgenbrecher. Ein anstrengender Tag, Druck bis zum Anschlag – nach Feierabend wirkt Alkohol wie ein Entspannungs-Katalysator. Ich schenk mir einen ein, und schwupps! bin ich runter vom hohen Stresslevel. Alkohol ist ein treuer Kumpel, der einen immer versteht, immer zu einem hält, immer zur Stelle ist, wenn man ihn braucht.

Was ich merke: Ich vertrage zunehmend mehr. Fünf bis sechs Pils, eine Dreiviertelflasche Wein oder drei Longdrinks verdrücke ich ohne den geringsten Kontrollverlust. Noch vor ein paar Jahren wäre mir das nicht gelungen. Ich trinke so viel, dass der Stress mich mal kann, ich aber noch registriere, was um mich herum passiert. Andere handhaben das anders. Ich habe Kollegen, aber auch führende Unternehmer und Politiker in desaströsen Zuständen erlebt. Lallend, schwankend, ausfallend, peinlich – und vor allem ehrlich. Sie ließen im Suff mal so richtig Dampf aus dem Kessel. Einige klagten mit lockerer Zunge über den unvorstellbaren Druck, unter dem sie stünden. Druck vom Chef, Druck der Mitarbeiter, Druck der Partei, Druck der Opposition, Druck der Medien. Sie ließen sich darüber aus, wie sehr sie alles ankotze, wie sehr sie die Faxen dicke hätten.

Ein Abgeordneter hätte in einer solchen grundehrlichen Situation einem anderen Abgeordneten mal fast eine geklebt. Beide hatten nur offen bekannt, wie ihnen das Getue des anderen auf den Geist gehe. Die beiden kamen aus derselben Partei.

Ein Mitglied des Hamburger Senats ist im Vollrausch mal darüber hergezogen, wie ungerecht er sich vom Bürgermeister behandelt fühle, und hat zum Beweis ausgiebig aus vertraulichen Treffen der beiden zitiert.

In meiner Zeit als Polizeireporter hatte ich Menschen unter Alkoholeinfluss in den absurdesten Zuständen und Situationen erlebt. Sie richteten Leid und Elend an, zerstörten Beziehungen, beendeten Karrieren. Friedliche Menschen wurden zu Brutalos. Ich habe genauso erlebt, wie Alkohol Liebe und Leidenschaft beflügelt, Beziehungen ermöglicht, Karrieren beschleunigt und harte Burschen zu sanften Lämmern macht.

Alkohol ist ein genialer Stoff, der eine tiefschwarze Seite hat.

Es gibt inzwischen zu viele Nächte, in denen ich mich mit Alkohol lockermache. Das warme Gefühl im Körper, das wohlige Kribbeln im Kopf, diese sanfte Trance verlängern den Feierabend aufs angenehmste. Ruck, zuck rücken die Gedanken, die mich zwei Stunden zuvor noch halb verrückt machten, in unendliche Ferne. Der kommende Morgen wirkt weit weg. Die Erinnerung an die Aufgaben des nächsten Tages beunruhigen mich nicht mehr. Ganz cool würde ich mich ihnen stellen und sie managen. Ich bin mir da auf einmal ganz sicher.

Mit leichtem Glimmer in der Birne kommen mir die besten Ideen. Viele Projekte, die ich angeschoben habe, sind in rauschenden Nächten entstanden. Beim Trinken habe ich Einfälle am Fließband. Leider vergesse ich zu oft, sie mir zu notieren. Am nächsten Morgen sind sie verflogen.

Nach durchzechten Nächten leide ich fürchterlich. Es passiert mir immer noch wie früher in Reportertagen, dass ich im Hellen aus der Kneipe stolpere. Kurz ein, zwei Stunden unruhig dösen, duschen und ab. Mit hämmernden Kopfschmerzen, bleierner Müdigkeit, rebellierendem Magen, mit einem zur Frühstückszeit einsetzenden Kater und einer Lustlosigkeit, die alles gibt, mir die Arbeit so schikanös wie möglich zu machen. Ich bezahle körperlich

Unsummen für die Gelage. Kaum nachvollziehbar, was ich investiere für ein paar Stunden entspannte Laune. Das Kosten-Nutzen-Verhältnis ist desaströs, bei klarem Verstand würde ich den Deal niemals eingehen.

Mindestens fünfzigmal habe ich mir geschworen, mich nicht mehr so zulaufen zu lassen, zumindest nicht unter der Woche. Der Schwur hält selten länger als ein paar Tage. Einen Kollegen, der von meinen Exzessen weiß, selbst aber nur selten dabei ist, faszinieren meine Rehabilitierungskräfte.

«Ich beneide dich um deine Gene», hat er mal gesagt.

Oft wollte er nicht glauben, was ich ihm aus der Nacht erzählte.

«Hättest du nichts gesagt, ich hätte dir wieder mal nichts angemerkt.»

Ich bin Meister darin, meinen Restrausch zu kaschieren. Darauf bin ich stolz, fühle mich als harter Kerl. Manche Morgenkonferenz habe ich in Zuständen geleitet, die andere ihr Leben lang an keiner Theke der Welt erreichen. Für die zwei, drei wichtigen Planungsstunden vormittags kann ich mich zusammenreißen.

In allen Redaktionen, in denen ich war, ist es verpönt, während der Arbeit zu trinken. Da fällt es schon auf, wenn man sich nach zwölf Stunden Maloche im Spätdienst mal ein Bier öffnet. Früher war das anders, früher wurde beim Zeitungmachen gesoffen. Hätte ich mitgebechert? Was ich außerhalb der Redaktionsräume in mich reinschütte, reicht schon dicke. Mehr wäre zu viel. Noch regelmäßiger ein bisschen mehr, und ich wäre Säufer. Das darf nicht passieren, auf keinen Fall will ich die Kontrolle über meinen Alkoholkonsum verlieren. Trinker erschrecken mich. Ich habe keine Sorge, dass ich selbst einer werden könnte. Aber ich sollte auf der Hut bleiben.

Bei Weihnachtsfeiern erzählen die alten Hasen gern von noch älteren Hasen, die schon nachmittags blau waren. Das habe zwar kaum einer gemerkt, aber jeder habe es gewusst. In der Kantine habe es Bier gegeben, im Produktionsraum meist eine Kiste Wein gestanden, und die Harten hätten eine Flasche Schnaps in der Schublade gebunkert. Einer meiner Stellvertreter hat mir mal erzählt, er habe als Praktikant für den damaligen Redaktionsleiter der *Welt* Whiskey holen müssen. Mit zwanzig Mark sei er loskommandiert worden, mit einer Buddel in der Plastiktüte zurückgekommen. Im Endspurt der Produktion hätten sich die Blattmacher gern mal einen genehmigt.

In den härtesten Momenten des Arbeitstags würde auch ich mir manchmal gern einen genehmigen. Ein schnelles Gläschen, ein bisschen weniger Druckgefühl im Kopf, ein bisschen runter mit dem Puls, ein bisschen weniger: *Oh Gott, heut schaffen wir das nicht!*

Ich genehmige mir keinen, ich verbiete es mir. Also ertrage ich den Druck, den Puls, den Gedanken an Untergang. Auf schlimme Tage folgen schlimme Nächte. In solchen Nächten sage ich Sachen, die mir nüchtern im Leben nicht über die Lippen kämen. Und ich traue mich Dinge zu tun, die ich bei klarem Verstand niemals täte. Ich gucke eine gute Freundin anders an, als ich sie bislang angeguckt habe. Ich berühre sie wie zufällig unter dem Kneipentisch mit meinem Bein, sie zieht ihres nicht weg. Eine Stunde später liegen wir im Bett, haben Sex. Er ist ein bisschen ungelenk, weil wir betrunken sind. Ab dann ist alles anders zwischen uns, wir gehen auf Abstand, weil eine Beziehung niemals klappen würde, wir uns aber als Freunde nicht verlieren wollen. Ein paar Wochen später sagt einer: «Ich hab den kompletten Filmriss, ich kann mich an nichts mehr richtig erinnern.» Ab dann ist alles wieder gut. Bislang war es nie ich, der so einen Satz gesagt hat. Filmriss. Was soll das sein? Berauscht habe ich viel angestellt, was mir ausgenüchtert unangenehm war und über das ich gern gesagt hätte, ich würde mich nicht daran erinnern. Ich habe mich leider immer erinnert. Bis zu dieser sehr, sehr schlimmen Nacht auf St. Pauli.

Es ist Oktober, ein warmer Herbsttag. Im Herbst bin ich oft deprimiert, weil die Tage immer kürzer werden, das Laub von den Bäumen fällt und ich mir vorstelle, dass es jetzt ungefähr sechs Monate lang duster, kalt und grau bleibt. So sieht es dann auch in mir aus. Ich bin im Sommer geboren, ich liebe den Sommer. Ich hasse den Winter. Irgendwann möchte ich dahin auswandern, wo immer Sommer ist. Der Arbeitstag war nervenaufreibend. Ich habe eine Schlagzeile produziert, die sich gut verkaufen wird, *Die 100 wichtigsten Hamburger.* Alle Hundert mit Foto, alle mit einer kleinen Begründung, warum sie es in die Liste geschafft haben. Die Leser lieben Rankings. Es war ein zähes Ringen, bei so einer Geschichte kann viel schiefgehen. Vertauschte Bilder, falsch geschriebene Namen, verletzte Eitelkeiten. Wir haben einen Redaktionsrat gebildet, haben einen Leserbeirat dazugeholt, haben uns Namen zugeworfen, gelacht, gegrübelt, gefeilscht, die Listenplätze hin- und hergewechselt. Ich habe wenigstens zehnmal mit der Chefredaktion telefoniert, um über einzelne Platzierungen zu diskutieren.

Halb zehn ist alles fertig. Immer und immer wieder habe ich die Liste kontrolliert. Ich habe keinen Fehler mehr gefunden und bin mir trotzdem sicher, dass mir der gröbste Schnitzer morgen früh beim Zeitungslesen ins Auge springen wird. Das ist schon ein paarmal passiert. Nach vierzehn Stunden Maloche sehe ich nur noch Buchstabensalat auf dem Bildschirm, ich kann mich nicht mehr konzentrieren. *Es soll nur endlich vorbei sein. Bitte, bitte, lass alles gutgehen.* Ich mache mich ein bisschen verrückt, beschwöre den Spätdienst, um Gottes willen nichts mehr an der Seite zu ändern, mich im Zweifelsfall anzurufen. Dann verlasse ich die Redaktion.

Mit meinem Freund Lars, früher Journalist, heute Künstlermanager und Event-Veranstalter, bin ich im *Christiansen's* zwischen

Reeperbahn und Hafenstraße verabredet. Spontan kommt eine RTL-Moderatorin dazu. Sie ist für den nächsten Morgen in meine Redaktion eingeladen, um in der Telefonkonferenz mit der Berliner Chefredaktion eine Blattkritik zu machen. Sie fragt, ob ich ihr ein paar Tipps geben kann, was sie sagen solle und was besser nicht. *BILD* ist ihr nicht geheuer. Es wundert sie, dass ich da arbeite.

«Sei mal ganz locker, du darfst bei uns alles sagen.»

Die Moderatorin guckt mich an und traut meinen Worten nicht. Wir sprechen ihre Blattkritik durch und trinken. White Indian, das ist mein Spezialmix. Wie der White Russian aus *The Big Lebowski*, aber mit Espressolikör statt Kahlùa und indischem Rum statt Wodka – dazu kalte Milch, das Ganze auf Eis. Ein Teufelszeug. Teuflisch lecker, teuflisch in der Wirkung. Die ersten vier Runden haben wir ruck, zuck intus. Die Anspannung weicht, meine Laune steigt. Nach der sechsten Runde reden wir nicht mehr vom Job. Mitternacht ist längst rum, über die Aufregung um die Hitliste fange ich mich an zu amüsieren. Ich lache über mich, die Kollegen, die Chefs und die Diskussion darüber, ob ein Buddy der Redaktion nun auf Platz zwölf oder elf stehen müsse.

Was für ein Käse!!!

Ab Runde acht sage ich dem Barkeeper, er möge ungefragt neue Runden bringen, wenn mein Glas zur Neige gehe. MEIN Glas, ich bin Taktgeber dieses fröhlichen Gelages. Die Moderatorin kann einiges ab und kennt meist kein Pardon, wenn wir uns treffen. Zechen, bis der Morgen dämmert, darin ist sie Meisterin. Meist breche ich vorzeitig ab oder zusammen. Die Frau schafft mich. Ich finde sie trotzdem klasse.

Heute will die Moderatorin «vernünftig» sein. So einfach kommt sie mir nicht davon.

«Vernünftig! Weißte doch janich, wie man das buschdabiert.»

Sie lacht. Lars lacht. Laut und sehr heftig. Der Barkeeper bringt Runde zehn. Danach ist es kurz nach eins und Schluss für die Moderatorin. Küsschen, Knutscher, Knuddelei.

«Meine Herren, nen schöööönen Abend noch!»

«Jeichfalls!»

«Treibt's nich zu wild, wir sehn uns ja gleich schon wieder!»

«Das kann ich nich veschbrechen, aussserdem mussdu ja Blattkritik machen, nich ich, ne?!»

Die Moderatorin kichert, wedelt zum Gruß mit der Hand und geht zu ihrem Taxi, das seit einer Viertelstunde vor der Bar wartet. Ich bleibe mit Lars sitzen und weiß, dass die Nacht noch lange nicht vorbei ist. Nach Runde dreizehn kann ich nicht mehr zählen. Wahrscheinlich kann ich auch nicht mehr sprechen, nicht mehr denken. Und nicht mehr unter Druck stehen.

Letzte Erinnerung: An der Theke sitzen zwei Gäste, die sich auf Englisch unterhalten. Quer durch den Raum rufe ich ihnen etwas zu. Absurder Smalltalk.

Erste Wahrnehmung am Morgen: Ich liege quer im Bett. Ich bin angezogen, Hemd, Hose, Socken, Schuhe – nur mein Sakko fehlt.

Erster Gedanke: *Oh Gott! Wer hat mich hier abgelegt?*

Zweiter Gedanke: *Oh Gott! Ich muss in die Redaktion.*

Dritter Gedanke: *Ich kann denken! Ich fühle mich nicht so, als ob ich's könnte, aber es geht!*

Ich stehe auf, spüre mindestens noch zehn White Indian im Blut, sehe mein Sakko am Türgriff vom Gästeklo hängen. Ich hänge mein Sakko abends immer dorthin, ich bin also tatsächlich selbst ins Bett gekrochen.

Fünfzehn Minuten später sitze ich mit tonnenschwerem Schädel im Taxi und lasse mich in die Redaktion kutschieren. Ich versuche, der Moderatorin eine SMS zu schreiben, die Buchstaben tanzen, ich vertippe mich bei jedem Anschlag. Mir wird schlecht.

Ich habe im Büro sehr schlimme Vormittage nach sehr schlimmen Nächten erlebt. Irgendwie ist es immer gegangen. Es wird mir auf ewig ein Rätsel bleiben, wie ich DIESEN Morgen gestemmt habe. Selbst daran kann ich mich nur mehr bruchstückhaft erinnern, so betrunken muss ich noch gewesen sein. Um elf habe ich zwei Konferenzen hinter mich gebracht. Keiner hat sich anmerken lassen, mir mein Rest-Rum-Delirium anzusehen.

Die Moderatorin kommt. Als sie mich sieht, lacht sie.

«Oje!», sagt sie.

Sie macht ihre Blattkritik, alles läuft perfekt. Die nächste Konferenz muss ich zweimal unterbrechen. Mein Magen gibt den Kampf auf. Um halb eins setze ich mich ins Auto (wahrscheinlich dürfte ich noch immer nicht fahren) und düse nach Hause. Ich muss mich hinlegen, nur eine Stunde. Es werden zwei. Danach bringe ich mit letzter Kraft die Zeitungsproduktion hinter mich.

Lars erzählt mir abends, ich hätte sechzehn Drinks gehabt. Er selbst sei nach Runde dreizehn ausgestiegen. Ich hätte nichts angestellt, für das ich mich entschuldigen müsse. Lars sagt, er habe mich lange nicht mehr so entspannt gesehen.

Teufelszeug, dieser White Indian. Steckt sogar Gevatter Stress in die Tasche.

RUHELOS ☆ Februar 2009

Es ist Samstag. Redaktionsfrei. Dennoch bin ich um halb acht aufgewacht. Zu früh. Das passiert mir fast jeden Tag. Obwohl ich müde bin, mich gerädert fühle. Mein Schlaf ist vor allem in den Morgenstunden viel zu leicht, schon das kleinste Geräusch lässt mich hochschrecken. Selten finde ich wieder Ruhe.

Das liegt auch an meinem schlechten Gewissen, das mich martert, sobald ich mal einen freien Tag habe. Mir überhaupt Momente der Ruhe zu genehmigen, fällt mir schon schwer. Dabei arbeite ich oft sonntags, fast immer an Feiertagen. Ostermontag, Pfingstmontag, Einheitstag, zweiter Weihnachtstag, Neujahr. Für einen Sonntag oder Feiertag, an dem ich arbeite, steht mir zum Ausgleich ein freier Tag zu. Wenn ich davon tatsächlich mal einen in Anspruch nehme, plagt mich sofort mein Gewissen. Vor allem unter der Woche. Manchmal traue ich mich kaum aus dem Haus. *Da draußen arbeiten sie alle, und du lungerst rum!* Gehe ich einkaufen, könnte jemand denken: Ja, hat der denn nichts zu tun? Jemand könnte auch denken: Wohl ein Hartz-IV-Empfänger, der anderen auf der Tasche liegt. *Ich bin gerade zu nichts nutze!*

Gedanken an den nächsten Arbeitstag, die nächste Woche katapultieren sich mir ins Hirn, ich zermartere mir den Schädel, wälze anstehende Entscheidungen hin und her, spiele Szenarien durch. Das macht mich nicht ruhiger.

«Sie haben zu viel Stress», hat meine Ärztin letzte Woche beim Rundumcheck gesagt.

«Ach?!», sagte ich.

«Versuchen Sie, häufiger abzuschalten.»

Ach.

Ich wünsche mir eine Pille, um die quälenden Gedanken zu verbannen. Meinen Kopf zu befreien. Dieses Gedröhne da oben weg-zusperren.

«Haben Sie es mal mit autogenem Training probiert?»

«Nein.»

Ich nehme mir fest vor, das nachzuholen.

Seit ich leitender Redakteur bin, lasse ich mich alle zwei Jahre durchchecken. Großes Blutbild, Belastungs-EKG, Ultraschall, Lunge, Leber, Haut. Mehr Untersuchungen, als die meisten Ratgeber sechsunddreißigjährigen Männern zur Vorsorge empfehlen. Vermutlich belaste ich meinen Körper überdurchschnittlich. Ich sollte also überdurchschnittlich genau hingucken, was mit ihm passiert – so viel Aufmerksamkeit ist mir mein Wunsch nach Wohlbefinden immerhin noch wert.

Die Ergebnisse der Medizinchecks sind jedes Mal ein Wunder. Die Werte sind nach Einschätzung meiner Ärztin prima, geben keinen Grund zur Sorge. Ich kann das nie glauben. *Wurden die Proben im Labor vertauscht? Sind die Apparate kaputt?*

«Wie kann es sein, dass ich angeblich kerngesund bin, mich aber krank fühle?», fragte ich die Ärztin.

«Zu viel ungesunder Stress zeigt sich im körperlichen Krankheitsbild oft erst nach Jahren, bei einigen erst nach Jahrzehnten.»

Oft kämen die Symptome erst, wenn der Gestresste mal loslasse, zum Beispiel während eines längeren Urlaubs.

«Haben Sie den Eindruck, sich zu viel zuzumuten?», hat sie mich gefragt.

«Ja.»

«Passen Sie auf sich auf. Und fragen Sie sich, warum Sie das machen. Lohnt es sich?»

Nein.

Dachte ich und bin zur Arbeit gefahren.

Früher in der Schule bin ich einfach zu Hause geblieben, wenn ich morgens das Gefühl hatte, den Anforderungen des Tages nicht gewachsen zu sein. Besonders nach dem Wechsel aufs Gymnasium in der fünften Klasse hatte ich so eine Phase. Ich tat mich in den Lernfächern schwer, hatte in Mathe gar keinen Durchblick. Schule war in dieser Zeit Bedrohung. Ich bin da ganz selten gern hingegangen. Meine Mutter hat mir Entschuldigungen wegen «Unwohlseins» geschrieben, und ich habe gehofft, dass ich mich am nächsten Tag stärker fühlen würde. Kam es anders, habe ich ein Fieberthermometer an die Bettlampe gehalten und erhöhte Temperatur vorgetäuscht. Nach zwei, drei Tagen Auszeit war ich wieder stark genug, mich der Bedrohung zu stellen.

Seit ich arbeite, war ich nicht einen Tag krankgemeldet. Obwohl ich mich oftmals gern wegen Unwohlseins abgemeldet hätte. Meine Disziplin überwindet die Magnetkraft des Betts auch an Tagen, an denen ich mich fühle wie der Junge in der fünften Klasse. Bedroht von der Arbeit. Wahrscheinlich wäre es besser, ich würde meinem Bedürfnis nachgeben, die Disziplin mal über Bord werfen.

«Machen Sie Sport», riet mir die Ärztin.

Das entlaste Kopf und Körper, sei gut für die Seele.

Sechs Jahre ist es jetzt her, dass ich gelaufen bin. Ich erinnere mich, wie das tägliche Laufen mir damals half, mit dem sich anbahnenden Ende meiner Ehe umzugehen. Jeder Schritt wirkte gegen die Aggressionen, die Angst und die Traurigkeit. Mein Ziel, einen Halbmarathon zu laufen, war damals die Herausforderung, die ich auch beim Laufen brauchte. Stress, aber positiver. Doch nicht mal drei Monate nach dem Rennen habe ich die Disziplin verloren, bin wieder bequem geworden. Seitdem geht's mir wieder schlechter. *Ob ich bald einen Herzinfarkt bekomme? An einem stinknormalen Samstag wie heute? Ich habe frei, wache aber früh auf und spüre in mir Unruhe. Vielleicht stehe ich gerade im Bad. Zackbumm falle ich um. Vielleicht werde ich gerettet. Vielleicht überlebe ich.*

In mir ist Angst. Ich werde nicht mehr rauchen. Das habe ich ohnehin schon reduziert, vor allem tagsüber.

Ich muss wieder laufen.

Gleich morgen fange ich an.

Auch deshalb, weil es mich immer mehr schockiert, was ich im Spiegel erblicke. Es ist blanker Horror. Stress macht hässlich. Die Gefahr ist groß, zur feisten Qualle zu mutieren. In etwa dieser Reihenfolge stelle ich seit ein paar Monaten fest: Mein Bauch schwillt an, mir wächst ein Doppelkinn, mein Rücken schmerzt, ich gehe wie ein alter Mann, ich bekomme ein Dreifachkinn, meine Gesichtshaut bleibt trotz Solariums aschfahl, mein Haarausfall beschleunigt sich, die dunklen Ringe unter den Augen werden noch dunkler, am Hals kriege ich rote Flecken, die dunkelgelben Flecken an den Augenrändern werden grünlich, meine Lust auf Sex lässt nach, meine Haut fettet einen Tag wie verrückt, den nächsten schuppt sie sich vor Trockenheit, im Gesicht platzen Äderchen, meine Kurzsichtigkeit verschlimmert sich, ich bin dauermüde, ich bin dauerkraftlos.

Besonders übel ist die Gewichtszunahme. Ich hatte nie ein Problem mit zu vielen Pfunden. Ich war immer schlank, früher sogar schlaksig. Obwohl ich reichlich gefuttert habe – selten gesund, meist nach dem Lustprinzip. Meine Beine sind bis heute dünn geblieben, meine Arme auch, mein Hintern wurde auch nicht breiter. Gewuchert sind Bauch, Hals, Wangen. All das, was ins Auge sticht. Ich habe mich nie als schön empfunden, hatte auch nie eine Modelfigur. Sagen wir so: Ich habe mich für mein Äußeres nicht geschämt, war aber auch nicht stolz drauf.

Das hat sich geändert.

Ich kann nichts Attraktives an mir entdecken. Da ist Bauch, wo früher keiner war, da ist Kinn, wo keines hingehört, da sind Fettpolster, wo ich lieber Luft sähe. Ich bin ein Koloss, ein Opi, ein Kriegsverletzter. Die Kriegsverletzungen stammen aus der Schlacht gegen den Stress.

Ich kapiere es nicht: Ich arbeite, arbeite, arbeite. Zugegeben, ich esse unregelmäßig und zu selten vollwertig. Aber auf Dauer-Vollgas müsste ich Kalorien ohne Ende verbrennen. In Wahrheit werde ich feister und feister. Als Reporter wog ich um die 88 Kilo bei 1,95 Meter Länge. Das war okay. Damals habe ich mich nicht anders ernährt, war zur Recherche aber ständig unterwegs, bin regelmäßig gelaufen, habe mal Squash, mal Badminton gespielt und bin ab und zu schwimmen gegangen.

Mein Traumgewicht wäre: 92 Kilo.

Ich peile an: 95 Kilo.

Ich wiege: 98,5 Kilo.

Ich kenne kaum Kollegen, die ihr Gewicht halten konnten. Die wenigen, die mir einfallen, sind gut darin, dem Job nicht die Dominanz und Macht in ihrem Leben zu übergeben. Sie schlagen sich Zeit frei für Sport, essen gesund, trinken in Maßen, sind oberdiszipliniert. Ich könnte das nicht.

Abends denke ich: Du hast geackert wie ein Bekloppter, hast dich gequält – da darfst du dich jetzt belohnen mit einem zweiten, dritten, vierten Drink, darfst essen, worauf du Lust hast. Kommt das schlechte Gewissen, verordne ich mir von jetzt auf gleich ein Kohlenhydrate-Verbot, bestelle zu später Stunde Fisch statt Fleisch, dazu nur Salat. Das geht zwei Wochen gut, dann breche ich ein. Ende der Disziplin. Und wieder ran an die Buletten! Eine Dose Erdnüsse nach Mitternacht. Einen fünften Cuba libre um zwei Uhr früh. Um halb drei ein Zwischenstopp auf der Taxifahrt nach Hause. Cheeseburger, Nuggets Barbecue, Pommes, Cola (light, haha).

Frühstück gibt's morgens noch immer nicht. Stattdessen weiterhin: ein Glas Wasser gegen den Brand, eine Aspirin gegen das Schädelbrummen, zwei Baldrian gegen die Nervosität. Kaffee habe ich zum Aufstehen noch nie getrunken. Vor eins, halb zwei mittags esse ich an den meisten Tagen nichts. Dann hau ich mir den knurrenden Magen voll.

In der hitzigen Produktion abends gegen sechs müssen her: Schokoriegel, NicNacs, Gummibärchen, saure Pommes, Lakritzschnecken. Dann ist Ruhe bis zum Termin am Abend, oft eine Veranstaltung mit Buffet. Ich greife zu. Nicht gierig, nicht üppig, ich esse nicht gern im Stehen und erst recht nicht im Gespräch mit anderen. Besser ist Flying Buffet. Junge Damen halten den Gästen Tabletts voll mit Mini-Suppen, Mini-Schnitzel, Mini-Wraps, Mini-Frikadellen in mundgerechten Häppchen hin. Das ist okay, da essen alle gleichzeitig mit Bier oder Wein in der einen und Serviette mit Finger-Food in der anderen Hand. Auch nicht elegant, aber da geht's allen gleich.

Meine Ernährung folgt keinem Plan. Und wenn, dann dem der Unkontrolliertheit und Hemmungslosigkeit. Ich weiß es und nehme mir manchmal vor: Morgen! Morgen änderst du dich. Morgen beginnst du, gesund zu essen. Morgen wird alles anders. Morgen fängst du auch wieder mit dem Laufen an.

Zumindest einen Abend glaube ich mir das. Am nächsten Tag verwerfe ich den Plan. Allein die Vorstellung, zu starten, strengt mich an. Ich möchte mal nichts vorhaben, mich nicht quälen, mir auch keine Gedanken über meine Essgewohnheiten machen. Also folge ich am nächsten Tag dem Heißhunger auf etwas Fettiges, das verlässlich satt macht. Morgen dann aber wirklich. Aber auf den einen Tag kommt's nun wirklich nicht mehr an.

Es sind nicht nur das Gewicht, der Haarausfall. Es sind nicht nur die Augenringe, die Pausbacken, das Doppelkinn. Mindestens genauso unangenehm ist mir die Strenge, die meine Mimik bestimmt. Eine andauernde Ernsthaftigkeit lässt meine Gesichtszüge hart wirken. Sie sehen alt aus, verausgabt, manchmal unglücklich. Auf vielen Fotos mag ich mich nicht. Manchmal erschrecke ich, wenn mir ein Fotograf eine Aufnahme mailt, die er bei einer Veranstaltung am Vorabend gemacht hat. Die Anspannung steht mir ins Gesicht geschrieben. Würde ich das Foto neben ein drei, vier Jahre altes legen, würde jeder Außenstehende glauben, dass zwischen den Bildern mindestens zehn Jahre liegen.

Stress macht hässlich.

SAMY ☆ Mai 2009

Seitdem er auf der Welt ist, hat mein Sohn einen Vater, der sehr viel arbeitet. Als ich Chef wurde, war Samy keine fünf Jahre alt. Mit der Trennung von meiner Frau wurde ich Teilzeit-Papa. Nachdem alle anderen Modelle an meinen Arbeitszeiten gescheitert waren, sehen Samy und ich uns nur noch an den Wochenenden. Wir kennen keinen Alltag miteinander, kommen aus ganz verschiedenen Wochenabläufen – da braucht es jedes Mal eine Warmlaufphase, bis wir einander gefunden haben. Da ist es gut, ein oder zwei ganze Tage beieinanderzubleiben.

Andererseits habe ich nun keine Zeit mehr nur für mich: Job oder Kind. Eine Aufgabe habe ich immer. Beides verlangt Kraft, Kreativität, Konzentration. Beides ist Stress. Der berufliche viel mehr als der als Vater. Aber auch das ist Druck. Druck, meinem Anspruch, ein prima Papa zu sein, gerecht zu werden.

Bis auf zwei, drei Wochen Urlaub im Jahr hat mich Samy immer entbehren müssen. Die meiste Zeit in seinem neunjährigen Leben war ich nicht da, zwar telefonisch erreichbar, aber nicht wirklich greifbar. Am Telefon bin ich oft kurz angebunden. Nicht aus Desinteresse, sondern weil in der Redaktion gerade mal wieder Land unter herrscht. Ich schaffe es nicht, mir verlässliche Auszeiten für meinen Sohn zu organisieren. Alle paar Monate versuche ich, regelmäßige Telefonate einzuplanen. Alle paar Monate scheitere ich aufs Neue. In den frühen Abendstunden, wenn Samy dafür Zeit hat, bin ich mit der Redaktion in der ganz heißen Produktionsphase. Ich möchte am Telefon nicht gestresst wirken. Und dann ist es schon wieder zu spät. Wenn ich Redaktionsschluss habe, schläft mein Sohn.

Mit Samy geht es mir wie mit meinen Freunden. Die sehe ich manchmal drei, vier Wochen nicht. Meldet sich dann einer von ihnen leicht angesäuert bei mir, weil ich trotz einer lockeren Verabredung nichts mehr von mir habe hören lassen, wird mir erst klar, wie viel Zeit schon wieder vergangen ist. So in etwa ist das, wenn ich meinen Sohn zwischen den Wochenenden oft nur einmal spreche. Ich bringe ihn Sonntag zu seiner Mama und zack – ist schon wieder Donnerstag. Fast vier Tage Funkstille, und ich habe es kaum gemerkt. Ich rufe an, fühle mich schuldig, wir verabreden unser nächstes Treffen.

Trotz der Entbehrungen ist da eine große Vertrautheit, wenn wir uns sehen. Als er noch ein kleiner Junge war, brauchte Samy manchmal ein bis zwei Stunden, um sich immer wieder aufs Neue an unser Miteinander zu gewöhnen. Ich erinnere aber keine Situation, in der mein Sohn mich dringend gebraucht hätte und ich nicht da gewesen wäre. Er wusste, dass er sich jederzeit melden konnte. Und er wusste, dass ich den neuen Mann an der Seite meiner Ex-Frau von Beginn an mochte und respektierte. Samy hatte hier keinen Konflikt auszuhalten. Das wäre eine fürchterliche zusätzliche Belastung für ihn gewesen.

Die Begegnungen mit dem liebsten Menschen in meinem Leben fühlen sich an wie der Tropfen, der das Arbeitsstressfass zum Überlaufen bringen könnte. Die Organisation jede Woche erneut abzusprechen, ist mir lästig. *Das nicht auch noch! Ich brauche auch mal Luft für mich. Nächste Woche! Nächste Woche ganz bestimmt!*

Sehen wir uns, ist es wunderbar. Ich will, dass es gar nicht wieder aufhört. Lasse ich mich auf das Zusammensein mit meinem Sohn ein, kommen mir der Job, der Druck, die Last ganz weit weg vor. *Warum lasse ich diese Oasen so selten zu?* Vielleicht deshalb: Mit Samy bin ich so, wie ich war, bevor der Stress kam. Unangestrengt, locker, herzwarm. Bin ich in meiner Papawelt, fehlt mir die Job-Bühne nicht, die hohe Schlagzahl, der Dauerlauf der Entscheidungen, die Nähe zu den Wichtigen der Stadt. Das fühlt sich gut an. Das fühlt sich so gut an, dass ich am liebsten gar nicht mehr zurück möchte.

Zurück muss ich aber. Oder?

UNTER STROM ☆ Juli 2009

«Bist du im Stress?»

Ich sitze in meinem Büro und habe mich am Handy mit einem vertrauten «Na, Alter!?» gemeldet. Es ist mein Ex-Kollege S., das habe ich auf dem Display gesehen. Er hat einen freien Tag, hat an mich gedacht und würde mich gern abends treffen. Ich will mit ihm reden. Ich kann nicht mit ihm reden. Er merkt es, noch bevor er fragt. Er fühlt sich unerwünscht. Bereut er seinen Anruf schon?

Ich würde ihm gern sagen, dass ich nichts lieber täte, als mich auszuklinken und ihn zu sehen. Ich erlaube mir die Ehrlichkeit nicht und bleibe kurz angebunden.

«Mal gucken, ich habe einen Termin, so 'ne Häppchen-Veranstaltung, du weißt schon, vielleicht danach, spät.»

«Ist okay, meld dich. Und stress dich nicht.»

«Ümmhm.»

Wir legen auf, ich ärgere mich über mich selbst. S. muss denken, für mich zähle nur der Job. Oft zählt ja tatsächlich nur der Job. Ich will das nicht, aber ich kann nicht anders. Besser: Ich weiß nicht, wie das geht – anders. Ich verbiete mir, darüber nachzudenken. Weiter.

Mein linkes Bein. Es wippt, sehr schnell, die ganze Zeit schon. Mein Fuß steht auf den Zehen, die Ferse leicht angehoben. Mein Oberschenkel gibt den Takt. Hochrunterhochrunterhochrunter. Hundertmal die Minute, zweihundert? Ich mache das oft, ein Stresstick. *Wie damals mein erster Chef Jens, beim* Pinneberger Tageblatt*, dessen Leben aus den Fugen geriet.*

Fast halb vier! So spät schon!

Heute Morgen hatten wir einen sicheren Aufmacher für unsere erste Lokalseite, da kann nicht irgendeine Geschichte stehen, da muss die wichtigste Geschichte des Tages hin, am besten eine, die nur wir haben, was Exklusives. Diesmal ist es die über eine tote Schülerin aus gutem Hause. Seit einer Stunde wissen wir: Suizid. Stress in der Schule, Liebeskummer mit dem ersten Freund. Sie war vierzehn. Hammerschicksal. Gespenstisch. Das Mädchen lag tot auf dem Dachboden der Eltern. Erst war nicht klar, was passiert ist, aber inzwischen ist zu uns durchgesickert: kein Verbrechen, kein Unfall, keine Drogen. Die Schülerin hat sich die Pulsadern aufgeschnitten.

Über Selbstmorde berichten wir nicht, wenn es kein Prominenter ist. Nachahmungsgefahr. Seit keine Zeitung mehr über Selbstmörder in S- und U-Bahnhöfen schreibt, ist die Zahl der Fälle gesunken. In Österreich gab's dazu vor zehn Jahren einen Pilotversuch. Die Auswirkungen waren schon in den ersten Wochen erkennbar. Viel weniger Lebensmüde sprangen auf die Gleise. Zeitungen in allen deutschen Großstädten folgten dem Beispiel. An den Zusammenhang kann man glauben oder nicht, Zurückhaltung ist allemal geboten. An das ungeschriebene Agreement mit den Verkehrsbetrieben hält sich jeder, der ein Weilchen im Geschäft ist.

Damit ist uns aber die Wahnsinnsgeschichte weggebrochen, wir haben keinen Aufmacher mehr. Aus der Konferenz vom Vormittag erinnere ich keine brauchbare Alternative.

Mehr als dreißig Reporter, und keiner hat eine große Story.

Hitzewelle.

Ich öffne einen zweiten Hemdknopf. Den obersten habe ich nie zu, den darunter spätestens mittags auf. Krawatte zu tragen, ist mir eine Qual. Ich vermeide es, wo es nur geht. Das gelingt mir so gut, dass ich bis heute eine Anleitung beim Binden brauche. Habe ich einen neuen Schlips gekauft, bindet ihn mir ein Kollege. Mit gelockertem Knoten hänge ich die Krawatte zu Hause in den Schrank.

Ich brauche eine Idee. Fünf Jahre bin ich schon Blattmacher, noch immer löst ein geplatzter Aufmacher Panik in mir aus. *Gerade gestern hatte ich doch noch eine Idee für Notfälle. Ich habe sie doch irgendwo aufgeschrieben.* Ich krame nach den Notizen mit Stichworten für Themen. *Dieses Chaos!* Ich könnte es mir so viel leichter machen mit ein bisschen Ordnung. Mein Chaos ist die Pest. Ich erinnere Stichworte auf dem Blackberry (leider auf dem, der mit kaputtem Akku zu Hause liegt). Ich erinnere Stichworte in einem meiner Notizbücher (in dem neuen schwarzen?). Ich wühle es aus meiner Aktentasche, ich blättere.

Nichts.

Ich habe Zettel mit Themenvorschlägen aus Brainstormings mit der Redaktion in irgendeinem Papierstapel. Ich finde sie nicht. Erst vor zwei Tagen hatte ich doch mit Kathrin noch über zwei Ideen gesprochen. Wo habe ich die Notizen noch mal hingekritzelt? Auf eine dieser Polizeimeldungen!

Eine heiße Welle schwappt von der Hüfte zur Stirn.

Den Haufen ausgedruckter Meldungen habe ich gestern Abend beim Aufräumen weggeschmissen.

O Mann, mein Gehirn ist wie verrammelt. *Ist doch erst zwei Tage her! Kann ich mir denn gar nichts mehr merken?* Mein Kopf fühlt sich leer an und gleichzeitig so voll, als ob er jeden Moment explodieren wird. Ich rufe Kathrin an, frage nach der Idee von vorgestern. Sie muss mich für bekloppt halten.

«Äh, du hast doch gesagt, dass wir daraus eine Sommerserie machen wollen.»

«Ach ja, die ungelösten Mordfälle. Ja, ja, hast recht, hatte gerade einen Blackout, sorry, vergiss es. Wir machen das wie besprochen.»

Ich will nicht, dass es so mühsam ist. Ich kann nicht mehr denken.

Konzentrier dich, du darfst jetzt nicht weg, nicht jetzt.

Noch eine Welle, noch mehr Hitze.

Ich streife mein Sakko ab, mein Rücken ist nass geschwitzt.

Ich rufe den Lokalchef an.

«Gibt's was Neues für Seite drei?»

«Hm.»

«Irgendwas, was wir hochjazzen können?»

«Tja.»

«Gericht? Was aus den Stadtteilen? Irgendwas vom Kiez?»

«Ich frag mal Merle, vielleicht hat die was.»

Mir muss was einfallen! Was mir einfällt, ist alles Müll. Ich hatte so gute Ideen vor zwei Tagen. In meiner Brust schnürt etwas. *Bleib ruhig, atme, ein auf drei, aus auf fünf!*

Ich werde hektisch, ich habe keine Zeit zu atmen. Herzgalopp.

Dungdungdungdungdungdung.

Mein linkes Bein wippt noch immer wie blöd. Passiert wohl häufiger, unter meinen Füßen ist der dunkelrote Teppich hellrotfransig gewippt. *War das wirklich ich?*

Ich gehe in den Produktionsraum. Ich habe schlechte Laune und sehe ein halbes Dutzend Kollegen am Balken sitzen, am Tisch, an dem alle Fäden der Blattproduktion zusammenlaufen. Erster Foto- und zweiter Fotochef, Chef vom Dienst, Onliner, Spätdienst, mein Stellvertreter. Mann, uns muss doch was einfallen.

«So, Leute. Jetzt mal Konzentration. Was machen wir auf Seite 3 auf?»

Wir diskutieren die Themen aus dem Tagesangebot, alles keine Kracher. Wir entscheiden uns für eine Baugeschichte. Sanierung einer Passage in einer der bekanntesten City-Einkaufsstraßen. Es gibt ein paar neue Simulationen von den Architekten, einige Details, über die wir noch nicht berichtet haben. Das kann man machen.

Ein Notnagel.

Tage wie dieser gehen manchmal gut aus, manchmal enden sie in der Katastrophe. Ein Zeitungstag endet immer erst am nächsten Morgen. Dann sehen wir, wie gut wir waren. Bis dahin ist Spannung, Anspannung. Mit dem Blick in die anderen Blätter fällt das Urteil. Haben wir was verpasst? Eine Top-Geschichte bei der Konkurrenz, die so gut ist, dass wir sie aufgreifen und nachdrehen müssen, und der neue Tag ist im Arsch. So ein Morgen ist grausam. Die ganze Anstrengung, der ganze Kampf um ein gutes Blatt, die stundenlange Maloche, die Zufriedenheit über den erreichten

Redaktionsschluss, ist von einer auf die andere Sekunde wie weggewischt. Da ist plötzlich nur noch: Aufregung.

Am Morgen mit dem Baugeschichten-Notnagel-Aufmacher ist ab acht nur noch: Aufregung.

Müde ziehe ich im Treppenhaus das *Abendblatt* aus dem Briefkasten. Ich überfliege die Themen auf Seite eins. Als ich zurück in meiner Wohnung bin und die Tür zuziehe, stelle ich mir nichts schöner vor, als sie heute nicht mehr aufmachen zu müssen. Draußen erwartet mich ein heißer Tanz. Das *Abendblatt* hat eine Hammergeschichte. Robert Redford hat in Hamburg geheiratet. Still und heimlich in einem der bekanntesten Luxushotels der Stadt. Die Geschichte ist schlecht verkauft, sie haben keine Fotos. Egal, das ist nach dem Rücktritt des Bürgermeisters ungefähr das Schlimmste, was man als Lokalzeitung verpassen kann.

Eine Stunde früher als sonst fahre ich in die Redaktion. Ich fühle mich wie in einem Kokon. Alles rauscht an mir vorbei, unwirklich. Nur ich und dieser eine Gedanke: *Wie konnte das passieren?*

Der weitere Tag läuft so, wie alle Tage laufen, an denen etwas gehörig schiefgegangen ist, sich alle um Schadensbegrenzung bemühen, die Niederlage aber durch nichts erträglicher wird: Erst mal sind alle sehr aufgeregt, schlechte Laune bekommen nach mir der Chefredakteur, die Mitarbeiter des Showressorts, alle, die mit mir an diesem Tag zu tun haben. Es gibt sehr unangenehme Telefonate. Es stellt sich heraus, dass die Information nur durch einen blöden Zufall beim *Abendblatt* gelandet ist (eine Mitarbeiterin hat einen privaten Kontakt zum Hotelpersonal). Das ändert aber gar nichts. Wir stellen eine Taskforce zusammen. Fünf Topleute, die heute nichts anderes machen werden, als alle Details und Fotos von der Hochzeit zu beschaffen. Im Halbstundentakt gibt es hektische Telefonate mit der Bundesredaktion in Berlin. Die ersten zehn laufen in etwa so:

«Habt ihr schon was?»

«Wir sind dran.»

«Wann?»

«Wir melden uns.»

«Wann?»

«Sobald wir einen Schritt weiter sind.»

«Bitte sagt sofort Bescheid.»

«Ach nee?! Natürlich sagen wir Bescheid.»

Dann eine Spur.

Wir sagen Bescheid.

Am Ende haben wir das minuziöse Protokoll der Redford-Hochzeit, wir haben den Trauspruch, die Gästeliste, die Menükarte, die Nummer der Suite, und es gibt exklusive Fotos. Mehr geht nicht.

Am Abend ist die ganz große Aufregung weg. Die ganz schlechte Laune auch. Mein Team hat phantastisch gearbeitet. Ich würde mich gern drüber freuen. Der Morgen war zu schlimm dafür.

FEUERANGST ☆ August 2009

Rund um den G8-Gipfel in Heiligendamm 2007 verübten Autonome in Hamburg und Berlin Brandanschläge auf Autos. Per Bekennerschreiben gaben sie dafür politische Motive vor. Die Fahrzeuge gehörten Energiekonzernen, Politikern, Managern. Später kamen die Trittbrettfahrer, und es wurden willkürlich Autos angezündet. Eines Nachts ging der Privatwagen meines Chefs, der damals noch nicht mein Chef war, in Flammen auf – samt Kindersitzen.

Seit in den vergangenen Wochen immer wieder Autos in Hamburg brennen, habe ich spätabends ein ungutes Gefühl, wenn ich meinen Dienstwagen an der Straße vor der Haustür abstelle. Ich achte neuerdings darauf, nie persönliche Dinge im Auto zu lassen, Dinge, die mir wichtig sind.

Oben in meiner Wohnung stelle ich mir vor, wie ich mitten in der Nacht von Martinshörnern und grellblau zuckenden Lichtern geweckt werde: Ich gucke aus dem Fenster nach unten und sehe die Straße von Feuer erhellt. Dort, wo ich mein Auto abgestellt habe, sehe ich die Flammen lodern. Fenster bersten, es stinkt nach verschmortem Plastik und Gummi. Feuerwehrleute versuchen, den Brand mit Löschschaum zu ersticken. Da klingelt es an der Tür. Zwei Polizisten stehen draußen. «Auf Ihr Fahrzeug wurde ein Brandanschlag verübt. Kommen Sie bitte.»

Immer wieder stelle ich mir das vor. Nähern sich Sirenen bis in die Nähe meiner Wohnung, gehe ich zum Fenster und gucke auf die Straße. Die Angst vor einem Anschlag quält mich. Ein Auto ist zwar bloß ein lebloser Haufen Blech. Es ist zudem mein Dienstwagen, nicht mein geliebter alter Saab, den ich eingemottet habe. Ich denke aber auch gar nicht an den möglichen materiellen Verlust. Wegen eines Jobs, für den ich mich aufopfere, der mein Leben dominiert und somit ein wesentlicher Teil von mir ist, mit so etwas überhaupt rechnen zu müssen – das ist es, was mir zu schaffen macht.

Schon seit Monaten suche ich einen Garagenplatz in der Nachbarschaft. Einen zu finden, ist in meinem Viertel ein Glücksfall.

FUERTEVENTURA ☆ November 2009

Fuerteventura, mein Refugium zum Runterkommen. Die Insel mit einem wundervollen Ort in der Natur, der mich an die Zeit vor dem Jobstress und an meine letzte Beziehung erinnert. Packt mich das Fernweh, träume ich mich dorthin.

Es ist ein Spätherbsttag zum Abgewöhnen, als ich mit meiner Ex-Freundin, mit der ich mich noch immer gut verstehe, gemeinsam nach Fuerteventura fliege. Wir können zur selben Zeit eine Woche Urlaub nehmen. Warum nicht gemeinsam Ferien auf «unserer» Insel machen?

Wir wohnen in einem Apartment mit Dachterrasse, Satelliten-TV und zwei Schlafzimmern im Norden Fuerteventuras, abseits des touristischen Firlefanzes rund um die Orte mit den großen TUI-Hotels. Ein winziges Dorf, einen Kilometer vom Atlantik entfernt. Hier gibt es: knapp dreißig Häuser, ein verlassenes Restaurant, das zum Verkauf steht, gut fünfzig Zicklein und Ziegen, einen streunenden Hund, eine Bushaltestelle, eine kleine Kirche, keinen Laden, nicht mal einen Kiosk oder eine Bar. Alle paar Tage irrt ein Tourist auf der Suche nach einer Sehenswürdigkeit durch die vier Gassen des Dorfs. Und alle paar Tage kommt der Ziegenbauer, um sich eines der Zicklein zu holen. Denen, an denen der Kelch vorübergeht, bringt er Wasser und Futter.

Ist Neumond, wird es nachts so dunkel, dass es einem auf der Terrasse schon unheimlich wird. Der Mietwagen vor der Tür ist nur mit Taschenlampe stolperfrei zu erreichen. Ich glaube, ich habe noch an keinem anderen Ort in so einer natürlichen Dunkelheit geschlafen wie in El Roque.

Fuerteventura ist vor mehr als zwanzig Millionen Jahren aus Vulkangestein entstanden. Die Insel ist mit ihrem erodierten beige-roten Sandwüsten an Kargheit kaum zu überbieten. Ich liebe diese Einöde, diese sonnige Tristesse der Natur. Zu Hause in Hamburg ist manchmal von allem zu viel. Hier ist nichts. Ich kann mir nicht vorstellen, auf dieser Insel jemals Stress wie zu Hause zu erleben. Vielleicht täusche ich mich, ich glaube aber nicht. Ich komme hierher, um zu entspannen. Ich habe keine Termine, keine Verpflichtungen, von der Redaktion bin ich zu weit weg, um mal eben kurz einzurücken, wie es mir an freien Tagen zu Hause öfter passiert. Dreimal am Tag checke ich meine Mails, mehr als die Hälfte davon kann warten. Bin ich im Urlaub, stelle ich fast nie die automatische Antwortfunktion ein, die den Absender über meine Abwesenheit informiert. Wer es wissen soll, weiß es ohnehin. Wer es nicht weiß und mich kontaktiert, bekommt von mir eine Mail mit der Bitte um Geduld, oder ich antworte ihm so, als säße ich im Büro. Nur so stelle ich sicher, dass mir nichts entgeht. Deshalb lasse ich mir auch die Themenpläne aus der Redaktion weiterhin schicken. Es könnte ein Thema dabei sein, zu dem ich wichtige Hinweise geben kann – das zu versäumen, würde mich im Nachhinein maßlos ärgern. Anrufe erreichen mich im Urlaub selten. Ein, zwei am Tag – nichts gegen den Dauerbeschuss im Job.

Mein Freund Uwe, der auf St. Pauli die Bar *Christiansen's* betreibt, hat mir von einem früheren Mitarbeiter erzählt, der vor einem Jahr nach Fuerteventura ausgewandert ist. Tom habe dort ein kleines Surfhotel mit Cocktailbar aufmachen wollen. Der Ort heißt El Cotillo, das Nachbardorf meines Domizils. Es dauert nicht lange, bis wir Toms Herberge gefunden haben. Seine Geschichte begeistert mich, noch bevor wir uns einander vorgestellt haben und ich mit meiner Begleiterin beim ersten Cuba libre vor ihm am Tresen im Souterrain sitze. Tom hat früher im Verkauf für Hamburgs größtes Privatradio gearbeitet. Zum Ausgleich, wie er sagt, habe er nach zehn Stunden Kunden-Akquise in Uwes Bar Drinks gemixt.

Zwei- bis dreimal die Woche habe er bis spätnachts bedient und sei oft erst nach drei ins Bett gekommen.

«Das war körperlich Stress pur, aber ich brauchte das», sagt Tom.

Der Stress beim Radio hätte ihn verrückt gemacht, deshalb habe er sich einfach noch einen zweiten, völlig anderen Job gesucht. Stress plus Stress gleich Ausgleich? Klingt nach einer seltsamen Formel auf der Suche nach Balance. Toms Rechnung ist auf Dauer nicht aufgegangen.

«Irgendwann war ich nur noch alle, habe alles um mich rum gehasst», erzählt er uns.

Tagsüber hätten ihn seine Chefs genervt, weil sie ihn nicht auf die unkonventionelle Weise arbeiten lassen wollten, mit der er erfolgreich gewesen sei, und nachts hätten die Gäste nicht früh genug gehen können.

«Manchmal war ich drauf und dran, so ein paar Verträumte rauszuwerfen – ich wollte einfach nur Feierabend haben.»

Eine Situation, die ihn über kurz oder lang in den Burn-out getrieben hätte.

«Heute quatscht ja jeder davon, aber bei mir war es wirklich bald so weit.»

Tom hat die Reißleine gezogen. Während eines Tauchurlaubs auf Fuerteventura entdeckte er ein zur Verpachtung stehendes kleines Hotel, in das er sich verguckte. Mit seiner Freundin beschloss er den Schnitt: alle Zelte in Deutschland abbrechen, Job kündigen, Wohnung aufgeben, Schiffscontainer packen und für mindestens fünf Jahre ab auf die Sonneninsel. So lange läuft der Vertrag, den er dem spanischen Eigentümer unterschrieb. Dass dabei nicht alles mit rechten Dingen zuging, sollte er erst Monate später leidvoll feststellen.

«Am Anfang war das ein wahr gewordener Traum. Ich hab einen Tauchlehrerschein gemacht, ein paar Surfbretter und Tauchanzüge gekauft, mein Barequipment zusammengekramt und losgelegt», sagt er. Günstiges Sporthotel mit Tauchkursen, Yoga und angeschlossener Surfschule an einem der beliebtesten Surfspots der Insel. Das sollte klappen.

Es klappte nicht, zumindest vorerst nicht.

«Eigentlich wollte meine Freundin nach dem ersten halben Jahr nachkommen, wenn ich hier alles eingeführt hatte. Aber als die ersten Macken am Haus auftauchten und die Gäste ausblieben, ist sie abgesprungen.»

In Toms Hütte beginnt ein Kampf ums Überleben. Mit dem Vermieter gerät er in Dauerclinch, er drückt die Miete, versucht, das nach lässiger spanischer Bauweise errichtete Hotel in Schuss zu halten, bemüht sich, sein Konzept ohne Werbebudget bekannt zu machen. Es wird dreieinhalb Jahre dauern, bis Tom Fuß fasst.

Nachdem er mir von diesen und weiteren Rückschlägen berichtet hat, begeistert mich seine Geschichte noch immer. Viele ersinnen im Frust über ihren Alltagstrott Aussteigerphantasien. Leute, die sie umsetzen und sich durchbeißen, bewundere ich.

«Ich habe mir das nicht so stressig vorgestellt, zahle viel Lehrgeld. Aber es ist nicht mehr diese zermürbende Routine wie in Deutschland. Hier ist jeder Tag anders, mein Stress ist die Ungewissheit, welche Herausforderung mich morgen erwartet. Das ziehe ich dem Stress, den ich durch die Doppelbelastung Radio und Bar hatte, klar vor.»

Tom ist mein Held.

Am Abend nach dieser Begegnung wirft sich Nationaltorwart Robert Enke in Deutschland vor einen Zug. Alle deutschen Sender beleuchten den Selbstmord des depressiven Zweiunddreißigjährigen. Tagsüber hatte ich mit meiner Ex-Freundin über Tom gesprochen. Ich hatte gesagt, ich könne seinen Wunsch auszubrechen, den ganzen Jobstress hinter sich zu lassen, gut nachempfinden. Mir gehe es ähnlich. Das erste Mal erzähle ich jemandem von der Belastung, die mich bedrückt. Davon, dass es mir nicht gutgeht, ich unter dem Druck von außen und von mir selbst leide. Es überrascht sie nicht, sie kennt mich lange genug. Sie sagt es nicht direkt, aber ich spüre, dass sie sich um mich sorgt.

Die Enke-Nachricht erreicht uns wenige Stunden später. Sie trifft uns beide hart. Ich versuche, mir vorzustellen, wie er sich im Moment der Entscheidung gefühlt haben muss. Hat er seinen Abschied vorbereitet, war es eine spontane Tat? Was hat er gedacht, als er seine Frau das letzte Mal geküsst, seine Adoptivtochter das letzte Mal in den Arm genommen, die Haustür hinter sich zugezogen hat in dem Wissen, sie nie wieder zu öffnen? Ich male mir aus, wie sehr er gelitten hat unter dem beruflichen Erfolgsdruck, unter dem Tod seiner leiblichen Tochter. Die Gedanken befremden mich nicht. Dass, was da im Fernsehen über seine düstere innere Welt berichtet wird, erscheint mir gar nicht so weit weg. Ich erschrecke darüber und frage mich, ob ich mir das Leben nehmen würde, wenn sich meine Situation ähnlich zuspitzen würde. Wahrscheinlich nicht. *Sicher bin ich mir nicht.*

Ich behalte diese Gedanken für mich.

Der nächste Tag beginnt sonnig. In mir kreisen noch immer dunkle Bilder. Ich ziehe meine Laufschuhe an und renne los. Für diesen Urlaub hatte ich mir vorgenommen, wieder mit dem Joggen anzufangen. Nach einer halben Stunde bin ich fix und fertig, tapsend und keuchend erreiche ich unser Apartment. Die Finsternis des Vorabends ist vertrieben, jetzt habe ich keinen Zweifel mehr: Eine so ausweglose Situation, in der mir nichts anderes Erlösung zu verschaffen scheint als der Suizid, schließe ich für mich aus.

Robert Enke geht mir die restliche Urlaubswoche nicht mehr aus dem Kopf. Die Nachricht aus dem kalten Deutschland prägt meine kleine Auszeit vom Stress. Sie will so gar nicht in den warmen, hellen Rahmen passen, den die Insel bietet. Aber sie hilft mir, mich mit dem Gedanken anzufreunden, die Reißleine zu ziehen, wenn sich das Gefühl, vor lauter Arbeit mein Restleben zu verlieren, verschärfen sollte. *Versuche, deine Situation nicht auszuhalten, bis nichts mehr geht. Steige aus, solange du die Kraft dazu hast.*

Über diesen Punkt bin ich offenbar schon drüber. Ich fühle mich alle. Ich weiß nicht, ob die Kraft zum Ausstieg reichen würde. Als wir in Hamburg landen, zieht mich der Gedanke an die Rückkehr ins Büro am nächsten Morgen runter. Die Überwindung wird mich eine Menge Energie kosten. Der Rest würde wohl kaum zum Ausstieg reichen. Zumindest jetzt nicht.

MÜDE ☆ Immer

Hätte ich drei Wünsche frei, ich wünschte mir Schlaf. Schlaf, Schlaf, Schlaf. Morgens bringt mich mein rasendes Herz auf Touren, sonst käme ich kaum in die Gänge. Vormittags ist die Schlagzahl so hoch, dass ich nicht merke, wie müde ich bin. Am schlimmsten wird es nach dem Mittagessen. Dann setze ich mich für eine halbe Stunde in mein Büro und bearbeite Post, zeichne Rechnungen ab, unterschreibe Urlaubsanträge, gucke Bewerbungen durch, beantworte Mails.

Die schwarze Ledercouch gegenüber meinem Schreibtisch zieht mich magnetisch an. So gern würde ich mich hinlegen, ein bisschen dösen, nur ein paar Minuten. Ich mache es nicht.

Ich stelle mir vor, jemand käme rein und ich läge schlummernd auf dem Zweisitzer, der Kopf auf der einen Armlehne, die Beine baumelnd über der anderen. Und um mich herum keulen alle, erwecken zumindest den Eindruck. Das wäre nicht gut, das würde rumgehen und ich ziemlich blöd dastehen. «Haste gehört? Der Dings wollte den Chef gestern was fragen – der hat in seinem Büro gelegen und gepennt!» Natürlich könnte ich meiner Sekretärin sagen: «Ich hau mich mal eine Runde aufs Ohr, ich bin fürchterlich geschafft, bitte nicht stören!» Früher oder später ginge durch einen doofen Zufall auch das rum. Das will ich nicht. Ich will steuern, was über mich rumgeht. Ich glaube tatsächlich noch immer, ich könne das.

Ich sitze am Schreibtisch, die Couch will mich zu sich ziehen. Sie saugt, sie zerrt. Ich halte stand. Ich trainiere, mit offenen Augen am Rechner zu schlafen. Ich starre auf die Buchstaben, alles verschwimmt, ich tagträume, ich fahre alles runter, ich bin ganz weit weg. Dann reiße ich mich zusammen. Das kann ich gut, das ist meine Spezialität. Ich gehe in den Produktionsraum, setze mich auf meinen Stuhl und strenge mich fürchterlich an, nicht gleich wieder einzudösen. Manchmal fallen mir für ein, zwei Sekunden die Augen zu. Ich schrecke hoch, hoffe, dass mich keiner beobachtet. Wahrscheinlich passiert das ständig, alle wissen es, keiner sagt was. *Ganz schön durch, unser Chef!*

Abends werde ich wach. Zu keiner anderen Tageszeit fühle ich mich so fit. Habe ich keinen Termin, sitze ich manchmal bis zehn, halb elf im Produktionsraum und bearbeite Projekte. Das kann ich um diese Zeit am besten. Das Blatt ist fertig, der Spätdienst hat übernommen, ich bin einigermaßen entspannt. Statt immer weiterzumachen, immer neue Projekte zu beackern, die keiner von mir verlangt, die nur ich selbst von mir einfordere, könnte ich endlich mal wieder Freunde treffen. Oder einen

Abend allein zu Hause verbringen. Ein Buch lesen, eine DVD gucken. Mit dem Laufen anfangen. Früh ins Bett gehen. Ich mache es nicht, ich bin süchtig nach Arbeit. Elf Stunden reichen nicht, erst nach vierzehn habe ich das Gefühl, genug getan zu haben. Dann fahre ich nach Hause, kaufe mir auf dem Weg was zu essen oder treffe einen Kollegen oder Freund oder Kollegenfreund in der Kneipe.

«Okay, aber nur auf'n Bier, ich bin total kaputt!»

«Ja, ja.»

Eine Stunde und drei Pils später bin ich derjenige, der kein Ende findet. Ich bin putzmunter, gut gelaunt, will das Gefühl konservieren. Wir bleiben sitzen, trinken, reden – erst in Zusammenhängen, dann Quatsch. Um zwei Uhr siegt die Einsicht: fünf Stunden noch bis morgen, fünf Stunden bis Alarm-Alarm.

Nicht dran denken, schlafen!

Ins Bett zu gehen, ist das Highlight. Manchmal sehne ich mich dreißigmal am Tag nach diesem Moment, in dem es geschafft und vorbei ist. Dann kommt die Dunkelheit. Nicht die fiese, die mich tagsüber so oft befällt, jetzt kommt die gute, die wohlige. Frieden. Beim Einschlafen wünsche ich mir, dass dieses Gefühl für immer bleibt. Warum gibt's für meinen Job keine Pausentaste wie auf der Fernbedienung vom DVD-Player? Ich will nicht gleich wieder aufwachen. Gerädert, tonnenschwer, kraftlos, schattig. Tatsächlich fühlt sich der Frieden ganz oft nicht länger an als ein Wimpernschlag.

Die Müdigkeit weicht einfach nicht von mir. Habe ich frei, legt sie mich in Fesseln. Immer wieder nehme ich mir vor, etwas zu unternehmen. Ich möchte was erleben, mit meinem Sohn, will mal wieder Freunde treffen, die ich viel zu selten sehe. Etwas zu unternehmen, erfüllt, lenkt ab, bringt vielleicht ein bisschen Leichtigkeit zurück. Ich würde so gern schöne Gedanken an das

Erlebte mit in den Arbeitsalltag nehmen und davon zehren. Fast immer scheitere ich. Der Geist ist willig, der Körper schwach. Selten gewinne ich den erbarmungslosen Kampf gegen die lähmende Müdigkeit. Und: Ich fürchte, dass die wenige freie Zeit noch viel schneller dahinrast, wenn ich mir etwas vornehme. Die Zeit soll nicht vorbeigehen, sie soll stehenbleiben.

Manchmal bin ich so müde, dass ich glaube, an Schlafmangel zu sterben. Ich denke, dass mein Kreislauf irgendwann seinen Geist aufgibt, weil er keine Gelegenheit mehr hat, sich richtig zu erholen. Vielleicht schaltet sich mein Gehirn einfach ab, ich falle um und schlafe für immer ein. Ein Arzt obduziert meine Leiche und stellt die Todesursache fest: Schlafentzug! In diktatorischen Regimen ist das eine der übelsten Foltermethoden. Warum sollte man davon nicht krepieren können?

MELANCHOLIKA ☆ Januar 2010

Melancholie ist meine treueste Begleiterin. Sie weicht mir nicht von der Seite. Meine Melancholie lässt sich nichts vormachen von der Lockerheit, die sich immer seltener blickenlässt bei mir. Ihr kann die gute Stimmung nicht imponieren, die ich manchmal habe. Wenn ich mit der Redaktion etwas zu feiern habe, weil wir eine richtig gute Geschichte exklusiv im Blatt hatten. Wenn ich eine tolle Frau kennengelernt und geküsst habe. Wenn ich ein langes Wochenende mit meinem Sohn verbracht habe und mir dabei wieder bewusst geworden bin, was für ein phantastischer Junge er ist. Oder wenn ich mit einem Freund und vielen Drinks eine entspannte Nacht in einer Bar verbringe und am nächsten Tag freihabe.

All das hat meine Melancholie nie gestört. Sie hat sich in diesen seltenen Momenten lediglich ein bisschen zurückgehalten. Nach ein paar Stunden, manchmal auch erst nach ein paar Tagen, hat sie sich wieder gezeigt.

Meine Melancholie ist treu und hartnäckig. Als sie mich die ersten Male befiel, konnte ich sie noch wegweinen. Ich heulte drauflos, manchmal in den Armen meiner damaligen Freundin, manchmal allein. Meist abends oder nachts. Ich lag da und weinte. Nie laut, fast stumm. Es war kein Schluchzen, sondern ein Weinen aus der Tiefe meines Herzens, das sich dabei völlig entspannte. Das half. Es nahm die Last, die mich bedrückte. Licht drang wieder durch. Zumindest für eine gewisse Zeit.

Jetzt kann ich nicht mehr weinen. Ich weiß nicht, woran es liegt. In meinen düsteren Momenten würde ich die Schleusen gern wie früher öffnen. Sie sind verrammelt. Ich erinnere mich nicht, wann ich das letzte Mal geweint habe. Manchmal habe ich das Gefühl, gleich kommt es, gleichgleich. Dann bebt meine Stimme, werden Sätze brüchig. Mal bekomme ich feuchte Augen. Aber das ist kein Weinen. *Verbiete ich es mir? Verbiete ich mir die Entspannung?* Früher hatte ich keine Angst davor, aufzumachen, loszulassen. Jetzt bin ich mir da nicht mehr so sicher. Da ist so viel, was sich aufgestaut hat. Da ist meine schnelle Karriere, die Anerkennung durch meine Chefs, da sind die Kicks nach guten Geschichten, das Hochgefühl, die Konkurrenz abgewatscht zu haben. Aber da sind auch die Zweifel. Da ist das Gefühl, mich zu isolieren vom Leben außerhalb des Büros.

Ich glänze bei der Arbeit, ich versage im Restleben.

Mir fehlt die Kraft, beides in Einklang zu bringen. Vielleicht habe ich auch nicht den absoluten Willen. Obwohl mich meine Situation erdrückt.

Ich würde gern alles rausheulen wie früher und kann es nicht. *Vielleicht würde ich ersaufen, wenn ich aufmache? Vielleicht würde ich in Trauer um mein verlorenes Restleben versinken?* Menschen, deren Lebensumstände dramatisch sind, können an ihrem Elend verzweifeln. Hungernde, dürstende, obdachlose, von allem und allen verlassene Menschen. Aber ich? Ich habe: Essen, Trinken, ein Dach über dem Kopf, Menschen um mich rum, die ich liebe (wie meinen Sohn) und die mich lieben (wie meine Eltern). Und ich kann mir alles kaufen, was ich will. Keinen Maybach, keine Villa, aber das will ich auch nicht. Faktisch ist mein Elend nicht sichtbar. Es ist alles da. Was fehlt, sind anhaltende Zufriedenheit und Lebensglück. Ich habe nur meine Arbeit. Eine Arbeit, deren Bedeutung ich seit langem überhöhe. Ich überhöhe sie, um mich hinwegzutrösten über den Verlust von allem, was nicht mit ihr zu tun hat.

Ich irre umher wie in einem Labyrinth. Auf der Suche nach dem Ausgang zur Erfüllung meiner Bedürfnisse jenseits beruflicher Bestätigung. Über dem einzigen Weg, den ich noch nicht ausprobiert habe, steht ein Wort, das mich gleichermaßen fasziniert und beunruhigt:

KÜNDIGUNG.

Wie lange ich in dem Labyrinth schon umherirre, kann ich nicht sagen. Es fühlt sich lange an, zu lange. Und ich ahnte schon früh, welcher Weg mich zum Ausgang führen könnte. Ich beschritt ihn nicht, weil ich hoffte, noch einen zweiten Weg zu entdecken. Vielleicht auch nur ein Schlupfloch, das ich übersehen habe. Ein Schlupfloch zum großen Glück.

Also suche ich weiter. Je länger ich suche, je breiter macht sich die Melancholie in mir. Ich nenne sie ab jetzt Melancholika. Das hört sich medizinischer an. Wie eine Krankheit, die mich befallen hat, die mit der geeigneten Behandlung aber wieder weggehen kann.

Verdacht auf Melancholika hatte ich das erste Mal vor einem Jahr: Es passierte an einem Ort, an dem ich mit meiner damaligen Freundin Jahre zuvor Urlaub gemacht hatte. Der Ort hatte von dem Moment an uns gehört. Wir hatten dort gewohnt, gegessen, geschlafen, wir hatten uns dort geliebt. Wir hatten uns dort auch gestritten, hatten unschöne Stunden, vergeudete Tage. Egal. Geblieben ist das Positive.

Nun kehrte ich an unseren Ort zurück. Auf Ibiza schien die Sonne, es war warm, die Menschen um mich herum waren gut drauf. Es gibt dort warmen, weißen Sand und klares, blaues Wasser und ursprünglich geformte Felsen und frischen, sauberen Wind und Palmen und Sträucher. Der Ort ist Zuflucht, Symbol für Frieden, Ruhe, Entspannung. Ich spürte das, und ich erinnerte, was ich dort einmal gehabt hatte und was ich nun nicht mehr hatte. Da, wo ein beruhigendes Miteinander gewesen war, war jetzt Leere. Ich stürzte in ein tieftiefschwarzes Loch.

Ich kehrte an diesen wundervollen Flecken Erde zurück und dachte an die Zeit, als ich das erste Mal hier gewesen war. Ganz und gar gelöst. Es war der Monat, bevor ich bei der *Hamburger Morgenpost* Lokalchef wurde. Ich war ein bisschen nervös, vor allem aber neugierig und fühlte mich ziemlich stark. Ich hielt mich wegen der Beförderung für bedeutsam. Jetzt stellte ich mir nichts schöner vor, als mich in diesen Zustand von damals versetzen zu können. Ich wollte ihn loswerden, diesen grausam groß gewordenen Stress, diese ganze Verantwortung, diesen unaufhörlichen Druck. Ich wollte hier an diesem friedlichen Ort sein und nicht daran denken, was auf mich zukäme, wenn ich zurückkehren würde zur Arbeit.

Tieftraurig machte mich die Erinnerung an die verklärte heile

Welt. Heile Welt. So empfand ich das rückblickend. Ich hielt kaum aus, was jetzt war in der Welt. In mir drin war es kalt und düster.

Ich spürte mehr denn je: Der Stress, den ich habe, ist nicht gut für mich. Er nimmt mir zu viel, er fordert mich zu hart, er macht mich krank.

Melancholika.

So wie vor einem Jahr mit dem warmen Sonnenort geht es mir mittlerweile mit Menschen, mit Musik, mit Filmen, mit Restaurants, sogar mit Essen und Kleidung. Beim Einkaufen im Supermarkt ist es mir passiert, dass ich ein Produkt gesehen habe, das ich mit einem Erlebnis aus der stressfreien Vergangenheit assoziierte, und auf der Stelle Melancholika bekam. *Verrückt! Depressiv?* Wäre ich depressiv, könnte ich überhaupt noch im Job bestehen? Könnte ich noch entscheiden, kreativ denken, delegieren, standhaft argumentieren, für meinen Sohn da sein, zumindest ab und an mit Freunden feiern?

Manchmal leide ich nur einen Augenblick an Melancholika, manchmal tagelang. Eine Woche ohne gibt es nicht mehr. Physisch könnte der Stress mich schlimmer quälen. Psychisch könnte es kaum massiver kommen. An meinen Tiefpunkten fühle ich mich, als sei ein mir wichtiger Mensch gestorben, als habe meine Freundin mich verlassen, als habe ich einen schrecklichen Fehler gemacht. Besoffen jemanden überfahren oder so. Die Wahrheit ist: Alles ist gut. Aber das reicht nicht, ich leide. Der Stress ist wie eine Droge, von der ich abhängig geworden bin und nicht loskomme. Die Droge verpasst mir immer wieder einen Kick. Die Kicks waren am Anfang gigantisch, sie wurden mit der Zeit schwächer und schwächer. Also pumpe ich mir eine immer höhere Dosis rein. Je abhängiger ich wurde, desto mehr richtete ich mein ganzes Sein auf die Droge aus. Irgendwann hatte ich mein Leben so auf die Droge eingestellt, dass es mir seitdem fast unmöglich erscheint, von heute auf morgen aufzuhören und in mein altes Leben zurückzukehren. Ich weiß, dass da vieles besser war, aber ich finde nicht den Weg aus meiner Sucht.

Früher habe ich alle Partydrogen ausprobiert. Heute rauche ich nur ab und zu noch mal einen Joint, das entspannt. Meine tägliche Droge ist jetzt der Stress. Er ist der Teufel, der mich mit bunten Pillen füttert. Ihre Wirkung lässt leider so schnell nach, wie sie gekommen ist. Ich weiß, dass ich auf die Glückspillen verzichten sollte. In meinem Leben vor der Sucht ging es mir besser. Und dennoch bin ich nicht in der Lage, den Teufel zu verjagen. Wir kletten zusammen. Auf Gedeih und Verderb.

Fast jeden Tag stelle ich mir dieselben Fragen: Wie lange reicht die Kraft noch? Wann knalle ich durch? Ich leide an Melancholika und habe immer wieder Herzrasen, Druck auf der Brust. Je nervöser ich werde, je mehr spüre ich die Symptome. Die waren früher AB UND ZU da. Jetzt ist all das FAST IMMER da.

RÜCKTRITTE ☆ 2010

Es scheint, als hätten sie sich abgesprochen. In kurzer Zeit werfen Bundespräsident Horst Köhler, der hessische Ministerpräsident Roland Koch und Hamburgs Bürgermeister Ole von Beust das Handtuch. Medien zetteln eine Diskussion über den angeblichen Trend an, sich aus Amt und Verantwortung zu stehlen. Die, die gehen, werden wie Fahnenflüchtige behandelt. Einige der Journalisten, die das schreiben, sind dieselben, die nicht müde geworden waren, die drei Politiker für ihre schwächelnden Leistungen zu kritisieren. Sie moralisieren und appellieren an Tugenden, sich seinen Aufgaben zu stellen und nicht vor ihnen davonzulaufen. Wird Politikern sonst gern vorgeworfen, sie würden an ihren Sesseln kleben, ist es mit einem Mal umgekehrt. Dabei war Köhler immerhin sechs Jahre im Amt, Koch elf und von Beust fast neun.

Ich kann die Politiker verstehen. Insgeheim beneide ich sie für ihre Konsequenz. Waren ihre Beweggründe sicherlich sehr verschieden, so einte sie doch der Drang, die Reißleine zu ziehen, ihre berufliche Situation radikal zu verändern und künftig ein anderes Leben zu führen. Dieser Drang wächst auch in mir.

Ich bin schockiert über den harten und oft selbstgerechten Standpunkt vieler Kollegen. Muss für sie ein Mensch in Verantwortung funktionieren wie eine Maschine? Ein Apparat ohne Bedürfnisse, sich ändernde Meinungen und Einstellungen? Beim Lesen einiger Kommentare bekomme ich diesen Eindruck. Vielleicht gehen die Kritiker auch von sich selbst aus. Aber kann jemand ohne Restzweifel ausschließen, in einer persönlichen Krisensituation einen unkonventionellen Schritt zu gehen? Wohl kaum. Also sollte sich keiner anmaßen, über andere den Stab zu brechen, die aus einem für sie wichtigen Grund ihr Leben umstellen wollen. Solche Bedürfnisse richten sich nicht nach Wahlperioden und öffentlicher Meinung.

Was würde über mich gesprochen, wenn ich meinen Job hinschmeiße?

Ich befürchte, viele würden es nicht verstehen. Unsere Gesellschaft ist auf Leistung ausgerichtet. Funktionieren, Vorankommen, Karriere machen, immer weiter, hopphopp. Mich stört die Vorstellung, ich könnte nicht verstanden werden mit einer solchen Entscheidung. *Hoffentlich ist mir das irgendwann egal.*

Ich bin abhängig von der Droge Stress und habe in der Sucht verlernt zu lieben. Mein Beziehungsverhalten steckt in einer tiefen Krise. Der Stress hat mich zum Liebeslegastheniker gemacht. Ich bin nicht mehr in der Lage, mich zu verknallen. Ab und zu begegne ich einer Frau, die mich begeistert. Ich fühle mich von ihr angezogen, finde sie attraktiv und sexy. Manchmal kommen wir uns näher, manchmal versuchen wir es miteinander. Es geht mal ein paar Tage, mal ein paar Wochen gut mit uns. Es waren immer tolle Frauen, starke Charaktere, faszinierende Persönlichkeiten. Wir haben uns prima verstanden, hatten viel zu reden, gemeinsame Interessen, ähnliche Ansichten, kompatible Vorlieben. Beide hatten das Bedürfnis nach Nähe, da gab's viel Miteinander. Es rauschte oft stark los, erlahmte aber schnell und erlosch. Der Grund war immer: ich. Mein Herz galoppierte vom Fleck weg davon, blieb nach kurzer Zeit stehen und wollte nicht weiter. Wie ein bockiger Gaul. Also bin ich in Wahrheit solo, seitdem mich meine Freundin, mit der ich nach der Trennung von meiner Frau zusammengekommen war, verlassen hat. Das ist jetzt fünfunddreißig Monate her.

Ich habe den Frauen, mit denen ich's versucht habe, weh getan. Sie waren vor den Kopf gestoßen. Erst packte sie meine Euphoriewelle, kurz darauf umspülte sie nur noch ein laues Rinnsal. Das hat keine verstanden. Wie auch? Ich habe selbst nicht kapiert, was mit mir los war. Los war und los ist, denn geändert hat sich bis heute nichts.

Ich habe ein großes Bedürfnis nach Nähe und Zuneigung, sehne mich nach Vertrauen und Vertrautheit, einer Homebase. Zweisamkeit. Zärtlichkeit. Körperlichkeit. Alles Mangelware in meinem Leben. Ich suche eine feste Beziehung. Würde ich fündig, ich könnte sie wieder nicht halten. Ich müsste Energie investieren, Zeit, müsste mich um die Partnerschaft kümmern. Das schreckt mich ab. Bloß kein Aufwand, kein Stress. Nicht hier auch noch!

Ich hoffe auf ein Wunder. Eine tolle Frau kommt daher, wir verlieben uns ineinander, verstehen uns blind, haben phantastischen Sex, bauen uns ein Nest – und alles passiert wie von selbst. Es kostet mich keine Anstrengung, keine Abstimmung mit meinem Job-Leben. Da kann ich weiter funktionieren, habe aber dennoch ein Refugium, aus dem ich neue Kraft schöpfe. Das ist so fernab der Realität, dass ich belustigt über mich selbst staune.

Weil kein Wunder geschieht, bleibt die Sehnsucht, und ich bleibe allein. Ich versuche, meine Bedürfnisse zu kompensieren. Das klappt mehr schlecht als recht, eine intakte Liebesbeziehung lässt sich nicht durch Affären ersetzen. Deshalb beschränke ich mich auf: Vertrautheit und Kuschelkurs. Am besten beides in einem Aufwasch, das spart Zeit und Kraft.

Mein Modell funktioniert so: Ich treffe eine Frau, die ich zumindest ein bisschen kenne. Sie ist ebenfalls Single, sucht auch eine Beziehung, gerät aber dauernd an die Falschen und entwickelt keine Gefühle für die Guten. Ein ähnliches Katastrophengebiet wie meines also. Einziger, aber wichtiger Unterschied: Sie hat weniger Job-Stress. Wir verabreden uns, merken, dass wir uns nicht nur gut verstehen, sondern da auch etwas knistert. Keine Schmetterlinge im Bauch, kein Glücksfeuerwerk – aber ein bisschen Knistern. Wir gründen eine Zweckgemeinschaft als Liebesersatz. Die Vorteile: Wir legen uns nicht fest, gehen keine Verpflichtungen ein. Erwartungen können nicht enttäuscht werden, weil es keine gibt. Ich kann die Frequenz unserer Begegnungen ohne Diskussionen, Erklärungen und Rechtfertigungen auf meinen Terminkalender abstimmen. Da geht's nicht um große Emotionen, das ist eine ziemlich berechenbare und berechnende Beziehungsform. Wichtig ist, der Affäre nicht zu viel Raum zu geben. Zeitlich nicht und erst recht nicht emotional.

Nachlässigkeit irritiert erst den Partner, dann einen selbst. Es entwickelt sich eine Gewohnheit, die sich nicht entwickeln soll, weil sich sonst mit einem Mal die Frage stellt, ob die Zweckgemeinschaft, die Affäre nicht schon zur festen Partnerschaft geworden ist. Dann ist es schnell vorbei mit dem stressfreien Kuschelbündnis.

An einigen Kollegen und Freunden beobachte ich, wie sich Männer, die lange keine feste Beziehung hatten, trotz gelegentlicher Affären in mehr oder weniger verschrobene Typen verwandeln. Ich beobachte das neuerdings auch an mir. Ich fange an, mein Leben abseits der Arbeit zu ritualisieren. Zum Beispiel: Jeden Dienstagabend stoppe ich auf dem Weg nach Hause immer beim selben Imbiss, bestelle mir immer das gleiche Gericht, esse zu Hause auf der immer selben Sofaecke, zappe immer durch die gleichen Sendungen, habe mit den immer selben ein, zwei Freunden SMS-Kontakt, surfe ein bisschen auf den immer gleichen Seiten im Netz und gehe immer um eins ins Bett.

So ein banales Ritual beruhigt mich, schon nachmittags freue ich mich auf die scharfe Kokossuppe mit Huhn, den TV-Trash, das Bett. Gleichzeitig befremdet mich mein Spleen. Aber er vermittelt mir ein Gefühl von Homebase. Die brauche ich unbedingt, und wenn sie nicht durch Beziehung entsteht, muss ein Placebo her. Allerdings sind solche Rituale tückisch. Sie können von Defiziten ablenken. Wer sich an sie gewöhnt, beginnt, sich mit ihnen zu begnügen. Auch das beobachte ich. Bei anderen. Und im Anflug auch schon bei mir selbst.

Das Verlangen nach einer Homebase wächst, je mehr ich in der Arbeit unter Strom stehe. Die Nest-Sehnsucht befällt mich vor allem dann, wenn ich mir mal wieder bewusst werde, dass es in meinem Leben gerade nicht viel gibt außer Job-Job-Job. *Warum verausgabe ich mich bloß so sehr? War ich schon als Kind so?* Mit Vollgas ran an eine Aufgabe. Ist sie erledigt, ran an die nächste. Immer so weiter. Keine Pause, keine Erholung. Mir fallen die Gruben ein, die ich als kleiner Junge im Garten meiner Eltern gegraben habe. Das Entsetzen meiner Mutter über das Ausmaß der Löcher. Und mein unbändiger Ehrgeiz, die Löcher dem Erdboden gleichzumachen, bevor mein Vater von der Arbeit nach Hause kam.

Das Buddeln bis zur Verausgabung war eine Phase von ein paar Wochen. Ich erinnere nicht, mich als Kind dauerhaft unter großen Anstrengungen für etwas engagiert zu haben. Aber ich suchte mir ständig Aufgaben. Mit gekauftem Spielzeug konnte ich mich nicht lang beschäftigen. Ich brauchte einen anderen Kick, den mir eher die Löcher auf den Gartenwegen als die Lego-Bausätze im Kinderzimmer gaben. *Hat das etwas mit meinem heutigen Arbeitsverhalten zu tun?* Vielleicht bin ich fürs Extreme veranlagt.

Klar ist: Meine Liebeslegasthenie ist Folge der Verausgabung. Für den Job gebe ich neunzig Prozent – der kleine Rest muss reichen für meinen Sohn, meine Freunde und mich selbst. Meine Hoffnung: Der Rest reicht auch noch für eine Frau. Für Spaß im Bett und ein stabiles Miteinander. Zehn Prozent für alles, was nicht Beruf ist. Tendenz fallend.

Ein kluger Mensch hat mal zu mir gesagt: «Balance ist die wichtigste Aufgabe in unserem Leben. Für die meisten ist es die schwerste.»

Zu den meisten gehöre ich.

SCHWITZKAMMER ☆ Juni 2010

Liegt es am Alter? Oder am aufreibenden Business? Oder an beidem? Ich höre immer mehr Freunde, Kollegen und Bekannte von ihren Krankheiten erzählen. Einer meiner besten Freunde hat nur eine Niere, siebenunddreißig Jahre ist er mit ihr klargekommen, jetzt ist sie kaputt, und er wartet auf eine Transplantation. Gleich eine Handvoll Mitarbeiter fallen mir ein, deren Blutdruck viel zu hoch ist. Eine Ressortleiterin hat chronische Magenprobleme. Der Chef vom Dienst ist viel zu oft erkältet, der Textchef hat Zucker, gleich mehrere Allergien zu haben, scheint normal zu sein, der Vorvorgänger auf meinem Posten hatte mit Anfang dreißig sogar einen Herzinfarkt. Alle paar Wochen erzählt mir jemand, er müsse operiert werden, falle länger aus, müsse auf Anraten seines Arztes kürzertreten. Es ist wie im Lazarett. Und ich mittendrin. Ich bin dauerkrank. Es ist eine Vergiftung, die nicht mehr aus meinem Körper weicht. Das Gift heißt: Stress.

Er quält mich nicht nur tagsüber, er sucht mich neuerdings auch nachts heim. Die Erholung, das dunkle Nichts des Schlafes umschließen mich nicht mehr so wohlig wie früher. Zwar schlafe ich fast immer gut ein. Ich lege mich ins Bett, bin zu müde zum Lesen, zum Fernsehen, zum Nachdenken. Zwei Minuten später bin ich weg. Vier, fünf Stunden schlafe ich am Stück. Viel zu früh wache ich auf. Ganz selten erinnere ich, was ich geträumt habe. Ich glaube, es sind keine guten Träume. Wenn ich aufwache, ist meine Stimmung häufig finster. Dann rattert es. *Bin ich am Limit oder sogar schon drüber hinaus? Ob ich merke, wenn es vorbeigeht mit mir?* Vielleicht so: Der Körper folgt mir nicht mehr. Ich fange an, komisches Zeug zu reden, ich kippe um, und peng, ist es aus. In meinem Kopf knallen alle Sicherungen durch, nichts funktioniert mehr, alles gerät aus den Fugen. Ich habe wahnsinnige Schmerzen. Ich spüre meine Arme und Beine nicht mehr, mein Herz drückt, mein Gehirn schmort, in meinen Gefäßen kocht das Blut. Ich stelle mir das Ende wie eine gewaltige Implosion vor. Ob ich sie überlebe, weiß ich nicht. Von dem, was danach kommt. habe ich kein Bild.

Unter rund zwanzig bei Wikipedia gelisteten Stressfaktoren treffen drei Viertel auf mich zu: Scheidung – chronische Konflikte in der Paarbeziehung – Zeitmangel – Termindruck – Lärm – große Verantwortung – ständige Konzentration auf die Arbeit – Angst, nicht zu genügen – Perfektionismus – Schlafentzug – Reizüberflutung – Schmerzen – seelische Probleme – unterschwellige Konflikte.

Von den genannten typischen Stress-Reaktionen kommen mir die meisten ebenfalls sehr bekannt vor. Oft fühle ich Traurigkeit, Ärger, Schuld, Angst, Verlassenheit, Müdigkeit, Leere. An üblen Tagen spüre ich heftige Aggressionen, möchte rennen, toben, schlagen. Oft bin ich sehr gereizt. Mein Körper reagiert mit Schmerzen am Rücken, im Kopf, in den Beinen, am Herzen, mit Energiemangel, Verspannungen, mal trockener, mal fettiger Haut, Herzrasen, Herzstechen, Haarausfall, verengter Brust, Magen-Darm-Problemen und hohem Blutdruck.

Das liest sich wie die Diagnose eines ziemlich kaputten Typen. Das bin ich. Als vor vierzehn Jahren meine ersten Artikel veröffentlicht wurden, hatte ich keinen Zweifel, dass ich alles dafür geben würde, im Journalismus Fuß zu fassen. Ein Traumberuf. Inzwischen macht er mich krank.

Mein größtes Dilemma ist immer noch der Rücken. Im Februar hielt ich es nicht länger aus. Ich hatte eine Woche Urlaub. Akku blitzaufladen unter kanarischer Sonne. Ein halbstündiger Spaziergang am Strand wurde zum Höllentrip. Eine Trainerstunde Tennis, das ich als Schüler mehrmals die Woche gespielt hatte, ertrug ich überhaupt nur mit doppelter *Ibuprofen*-Dosis. In den Sand konnte ich mich nach dem Baden nicht legen, ich fand keine Position, die für mich erträglich gewesen wäre. Es war Qual ohne Ende. Am liebsten hätte ich meinen kaputten Körper weggeschmissen.

So konnte ich nicht weitermachen, ganz dringend musste ich etwas gegen diese wahnsinnigen Rückenschmerzen unternehmen. Es sollte schnell gehen, supereffizient sein und nur wenig Zeit kosten. An Laufen war bei den Schmerzen nicht zu denken.

Zu Hause recherchierte ich im Internet. Meine Suchbegriffe: *Rückenschmerzen Sport hilft schnell Hamburg*. Die ersten Treffer brachten mich zum Yoga. Kein Eintrag, der nicht die heilsame Wirkung gegen Verspannungen und Schmerzen an der Wirbelsäule beschrieb. Auch gegen Stress wirke Yoga, stand da. Mein Spritzen-Doc hatte mir Yoga bereits empfohlen, als er mir den Zettel mit den Strichmännchen-Übungen gegeben hatte.

Yoga!? Da sitzen ein paar Gesellen mit Zottelhaaren, Zauselbärten und unsexy indischen Batikklamotten im Schneidersitz, brummen ooommm, strecken die Hände gen Himmel und inhalieren den Gestank von Räucherstäbchen. So stellte ich mir Yoga vor. *Egal jetzt.* Ich musste was tun. Also recherchierte ich weiter nach Studios in meiner Nähe. Dabei entdeckte ich eine Variante, die mich begeisterte. Bikram Yoga. Sechsundzwanzig Übungen in neunzig Minuten in einem auf vierzig Grad geheizten Raum. Dass klang sportlich, gar nicht nach ooommm und Räucherstäbchen. Das klang schön extrem, mein Ding. Drei Tage später machte ich ernst.

Die erste Stunde war der Hit. In Badehose stand ich auf Gummimatte und Badelaken neben zwanzig Frauen und zehn Männern in einem unheimlich warmen Studio vor einem riesigen Spiegel und schwitzte schon wie verrückt, bevor es überhaupt losging.

Ich glaube, selbst in der Sauna hatte ich noch nie dermaßen geschwitzt. Es war unglaublich. Total anstrengend, aber ich genoss jede Minute. Trotz der Flecken, die nach den ersten drei Übungen vor meinen Augen flimmerten. Trotz des heißen Schweißes, der an mir herunterlief wie geschmolzenes Fett. Mehrmals glaubte ich, den Raum verlassen zu müssen, wenn ich nicht umkommen wolle. Trotz der Qualen oder gerade deswegen spürte ich von der ersten Bewegung an, dass ich hier richtig war, dass es mir helfen würde. Und dass es mich nicht schon beim nächsten Mal langweilen würde wie so vieles in meinem Leben, was ich nach spontaner Begeisterung schnell wieder aufgegeben hatte.

Nach der dritten Stunde begann mein kaputter Rücken eine Metamorphose, die ich noch eine Woche zuvor ohne OP für nicht möglich gehalten hatte. Die Schmerzen wurden weniger, ich hatte morgens vor dem Spiegel das erste Mal den Eindruck, meine Haltung um wenige Millimeter korrigieren zu können.

So ging es weiter. Von Yoga-Klasse zu Yoga-Klasse verbesserte sich mein Zustand. Nach der zehnten Stunde waren die Schmerzen weg. Nur einmal sind sie wieder aufgetaucht − als ich diesen Sommer zwei Monate aussetzte, weil der Leidensdruck weg war und ich mich für geheilt hielt. Das war Unsinn, meine unteren Lendenwirbel blieben ja lädiert. Aber um sie herum hatte ich stützende Muskeln aufgebaut, die sich nun wieder zurückbildeten.

Seit zwei Wochen gehe ich wieder zur Schwitzfolter. Die bekommt mittlerweile nicht nur meinem Rücken hervorragend. Da ist mehr Frische in meinem Gesicht, mehr Ausgleich in meinem Gemüt, ein paar feiste Fettkilos sind verschwunden. Mein erster Spiegelblick zielt nicht mehr auf die wachsende Kahlstelle auf dem Kopf, den Bauch und das speckige Doppelkinn. Ich gucke zuerst auf meine voluminöseren Oberarme, die sich dezent abzeichnenden Brustmuskeln und den festeren Hintern.

Yoga ist der überfällige Ausgleich zum Job-Irrsinn. Beileibe bin ich kein Crack, zu jeder Minute Sport muss ich mich aufraffen. Aber die Überwindung, mich dann, wenn's in der Redaktion besonders heiß herging, abends zu bewegen, statt auf die Couch zu packen, fällt mir gerade nicht so schwer. Der motivierende Kitzel ist das Extreme, das mir schon anfangs gefiel. Oft am Rande der Aufgabe zu sein, ohne jemals aufzugeben, das kickt. Ich habe Yoga-Stunden erlebt, in denen ich so litt, dass ich mir sicher war, nicht lebend aus dem brennend heißen Studio herauszukommen. An Tagen mit hoher Luftfeuchtigkeit hatte ich so schwer zu kämpfen, dass ich mich mittendrin fünf Minuten hinlegen musste, weil ich sonst der Länge nach umgekippt wäre. In mir brodelte eine solche Mörderhitze, dass ich glaubte, meine Organe würden verbrühen. In meinen Adern glaubte ich, das Blut rauschen zu fühlen. Ich sah Sterne, Glitzer, Regenbogen in Farben, die ich bis dahin nicht gekannt hatte. Für Sekunden hatte ich Kopfschmerzen, im nächsten Augenblick eine Gedankenklarheit wie schon lange nicht mehr. Es gab Klassen, da habe ich gehasst, was ich machte. Überall wäre ich lieber gewesen als in dieser verfluchten Schwitzkammer. Dann habe ich es doch irgendwie hinter mich gebracht und bin drei Tage später wieder da gewesen.

Die meisten Yoga-Stunden bescheren mir wunderbare Momente. Endlich gibt es ein Ventil, durch das ich den während der Arbeit aufgestauten emotionalen Druck ablassen kann. Manchmal ist da so viel Anspannung, dass sie sich wie Wut anfühlt. Die Wut nehme ich mit in die schwersten Übungen. Mein Ziel ist es, sie loszuwerden, indem ich sie besiege. Gerade in diesen Übungen werde ich immer besser, ich wachse über meine Grenzen. Nie zuvor habe ich einen Sport ausprobiert, bei dem ich so viel über mich und meinen Körper lerne. Ich begreife, wie sehr Gefühle meine Leistung beeinflussen, wie stark mein Wille sein kann, etwas zu schaffen, was ich mir noch am Vortag nicht zugetraut habe. Die Grenzen stecke allein ich mir.

Beim Yoga denke ich über meine berufliche Situation nach. Nirgendwo sonst fühle ich mich so frei wie in Momenten, in denen ich mich in einer der Positionen, mit denen ich mich am schwersten tue, wieder ein paar Millimeter mehr als jemals zuvor gestreckt habe. Das seien die wichtigsten Positionen, sagen die Lehrer. Sie würden den Körper dort fordern und fördern, wo er am labilsten und verwundbarsten sei. Es ist jedes Mal ein Kampf, gerade diese Übungen nicht auszulassen oder sie nur halbherzig zu machen. Der Augenblick, sie trotz massiver Blockaden bestanden zu haben, ist der Augenblick des Siegs über reflexartige Widerstände. Ein kleiner Glücksrausch. Befreiend, bestätigend, betörend.

Ich beherrsche bis heute keine Übung perfekt, einige kann ich mittlerweile einigermaßen, einige noch immer gar nicht. Aber das ist nicht wichtig. Es geht im Gegensatz zur Zeitung beim Yoga nicht um erfolgsorientierte Leistung, die messbar ist wie die Zahl exklusiver Nachrichten oder die verkaufte Auflage. Das musste ich lernen. Anfangs war mein Ehrgeiz beim Sport der gleiche, mit dem ich meine Arbeit mache. Ich habe mich mit den anderen Yogis verglichen wie im Verlag mit anderen Redaktionsleitern. Das seinzulassen, fiel mir nicht leicht. Noch immer bin ich nicht frei davon. Aber es gelingt mir überhaupt das erste Mal im Leben, dass ich mich bei etwas, das mir wichtig ist, sehr anstrenge und meinen Erfolg nicht mit dem Erfolg anderer vergleiche. Das ist noch immer ein ungewohntes Gefühl. Es gefällt mir.

Beim Bikram Yoga habe ich von meinen Lehrern in Momenten größter körperlicher Verausgabung Weisheiten gehört, die ich versucht habe, mir für meinen Alltag zu merken:

Wisch deinen Schweiß nicht weg. Je mehr du wischst, je mehr
   kommt nach.

Je mehr du dich in deinen Übungen quälst, desto weniger wirst du
   dich im Leben draußen quälen.

Gib nicht dem ersten Impuls nach, eine Übung vorzeitig zu
   beenden. Trainiere deine Willenskraft, dich dem Impuls zu
   widersetzen. Es wird dich glücklich machen.

Nimm dir vor, in jeder Übung einen Schritt über die Grenze zur
   Unmöglichkeit zu gehen.

Werde selbst dein bester Lehrer.

Unser verdammtes Ego meint uns ständig glauben lassen zu
   müssen, wir seien jemand Bestimmtes. Lass die Erkenntnis zu,
   jemand ganz anderes zu sein.

You think you're dead? You're not dead. You're still breathing.

Never let anybody steal your peace.

Beim Yoga versuche ich, auf den Moment hinzuarbeiten, die Fesseln zu lösen, die mich an meinen Job fixieren. Beim Dehnen, Halten, Strecken, Schwitzen versuche ich, dafür Kraft zu sammeln. Ich habe eine Energiequelle gefunden. Der Job saugt mich aus, der Sport speist frischen Saft ein. Hätte ich nicht Yoga für mich entdeckt, ich wäre wahrscheinlich schon mit kaputtem Rücken zusammengeklappt.

SCHWEIGEN ☆ Herbst 2010

Seit dem Urlaub mit meiner Ex-Freundin auf Fuerteventura vor einem Jahr treibt mich die Sehnsucht um, alles hinzuschmeißen. Raus aus der Verantwortung, raus aus der Mühle. Ich will mein eigenes Ding machen, mich nicht mehr über Kollegen ärgern, nicht mehr jeden Tag dieselben Gesichter sehen, nicht mehr von der Leistung anderer abhängig sein, mich nicht mehr von morgens bis abends zusammenreißen müssen. Ich will keinen Chef mehr haben. Ich will nicht mehr angestellt sein. Ich will meine Arbeitszeiten nicht mehr nach den Vorgaben eines Arbeitgebers richten. Ich will nicht mehr zu Menschen nett sein, die einen an der Waffel haben, aber für das Blatt wichtig sind. Ich will mehr ich sein.

ICH KÜNDIGE!

Ist doch ganz einfach: Ich fahr nach Berlin, ich sag dem Herausgeber, dass ich nicht mehr will. Ich sag ihm, ich hab Pläne. Von der ganzen Düsternis in mir, dem ganzen Müll wegen all des Drucks muss er nichts wissen. Sonst wird er darauf drängen, dass ich eine Auszeit nehme, zum Coach gehe, den Posten wechsle. Auf jeden Fall wird er versuchen, mich zum Bleiben zu bewegen.

NEIN! NIEMALS!

Ich will doch raus, ich muss raus. Also zielsicher mit der Begründung kündigen, dass ich mich selbständig machen will. Ist ja nicht gelogen. Was soll schon passieren? Ich kann es nicht in Worte fassen, aber irgendwas ist da. Ich weiß, dass ich es tun muss, tue es aber nicht. Stattdessen schieb ich's auf. Stunde um Stunde, Tag um Tag, Woche um Woche, Monat um Monat. Mir fehlt die Kraft. Ich laufe wie eine Maschine. Sitze ich im Büro, versuche ich, alle Gefühle, alle Gedanken zu unterdrücken, die nicht mit der

Agenda des jeweiligen Tages zu tun haben. Das klappt manchmal ganz gut, oft klappt es nicht.

Der schönste Moment der Woche ist Freitagabend, so um neun, halb zehn. Dann spuckt mich der Garagenschlund des Betonmonsters namens Verlagshaus aus, der mich jeden Morgen verschluckt. Je nach Dienstplan: ein oder zwei Tage Ruhe! Freitagabend im Auto in der Tiefgarage ist der einzige Moment der Woche, in dem sich alles leicht anfühlt. Leicht, ohne dass ich meine Synapsen künstlich stimuliert habe. Leicht geht sonst nur, wenn ich drei Cube libre trinke oder eine Flasche Rotwein. Oder wenn ich einen Joint rauche. Oder ein Näschen ziehe. Oder als Feierabend-Leckerli meinen morgendlichen Baldrian-Aspirin-Mix in vierfacher Dosis nasche. Irgendwas davon ist abends meistens, oft auch ein bisschen hiervon, ein bisschen davon.

Freitags also mit der natürlichen Leichtigkeit ins Wochenende. Da versuche ich aufzutanken. Energie saugen. Ich will mich mit ihr wappnen und munitionieren, um nächste Woche wieder durchzuhalten. Meist bleibt der Akku ziemlich leer. Ein Samstag läuft so ab: Morgens klingelt mein Sohn. Gerädert mach ich auf, drücke ihn, könnte sofort weinen, verkneife es mir angestrengt. Ich versuche, mich zu sammeln, meine Stimme fest klingen zu lassen.

«Wie war deine Woche, mein Schatz?»

«Was gab's in der Schule?»

«Geht's Mama gut?»

«Schön, dass du da bist. Ich hab mich auf dich gefreut.»

«ICH HAB MICH AUCH AUF DICH GEFREUT, PAPA.»

«Wie schön ...» Meine Stimme wird brüchig. Mein Herz bebt.

Ein paar Minuten später gehen wir durchs Viertel. Mein Sohn greift meine Hand. Ich drücke sie und kann nichts sagen. Der

Kloß im Hals versperrt meinen Worten den Weg. Wir gehen frühstücken, immer in den kleinen Schweizer Käseladen. Für meinen Sohn ein Müsli mit Milch, dazu eine *Rivella*-Brause. Für mich ein Käsefrühstück mit Ei, doppelten Espresso, große Rhabarber-Schorle. So schmeckt mein Wochenend-Gefühl.

Wir gehen einkaufen, auf dem Wochenmarkt am Bioland-Stand treffen wir die Zweite Bürgermeisterin. Sie ist bei den Grünen, ihr Mann Lehrer an der Schule meines Sohns, die beiden wohnen in unserem Viertel.

«Hey, hallo, Herr Onken. Wie geht's?»

«Etwas stressig in der Redaktion, aber sonst alles okay.»

Das stimmt nur so halbwegs. Tatsächlich dreh ich ordentlich am Rad. Und außerhalb der Arbeit ist bei weitem nicht alles okay. Aber das muss ich nicht auf eine freundliche Floskel auf dem Wochenmarkt hin erklären.

Die Zweite Bürgermeisterin steht auch unter Strom. Sie hat einen Volksentscheid zu ihrem wichtigsten Regierungsprojekt, der Schulreform, verloren. Die Koalition mit der CDU hängt am seidenen Faden. Sie wirkt derzeit nicht so, als mache ihr der Job noch viel Spaß. Eher so, als halte sie ihn aus. Da geht es uns ganz ähnlich.

Wir setzen unsere Samstagstour fort. Nächster Programmpunkt: Hemden in die Reinigung bringen, sie riechen nach Stress. Danach noch zehn Minuten Solarium. Licht! Neulich habe ich gelesen, das helle die Laune auf. Wir gehen wieder nach Hause. Ich lege mich auf die Couch. Da, wo mein Hintern liegt, ist das früher mal feste Polster weichgelegen. Nach nicht mal drei Jahren. IKEA. Mein Sohn startet die Wii.

Die Samstagszeitungen. Ich kann mich nur fünf Minuten konzentrieren. Meine Gedanken kreisen, die Zeit geht verloren. Ich möchte sie anhalten. Mein Atem ist flach, und ich merke, wie mein

Mund verklebt. Ich will mit meinem Kind sprechen, ihm ein guter Vater sein, ihm Stärke geben, ihm eine Anleitung fürs Leben vermitteln. Ich schweige. Eine halbe Stunde? Eine Stunde? *Eine Ewigkeit.* Die Stimmung ist erdrückend. Mein Sohn merkt das. Viel zu lang schon sitzt er an der Wii. Er guckt zu mir. Sein Blick offenbart, dass er sich um mich sorgt. Um seinen Vater, der nicht lacht, der nichts sagt, der einfach nur daliegt und ins Leere starrt.

HILFE – BITTE NICHT! ☆ November 2010

Über meinen Stress habe ich jahrelang fast nicht gesprochen. Wenigen mir sehr vertrauten Menschen habe ich geschildert, wie sehr ich unter Druck stehe, wie wenig Luft zum Atmen ich außerhalb der Redaktionsräume habe. Ich bleibe dabei immer sehr sachlich. Die Geschichten müssen sich anhören, als würde ich gar nicht von mir, sondern von einer anderen Person erzählen. Oft frage ich mich, warum das so ist. Nie gab es eine Zeit, in der ich kein Bedürfnis hatte, mich mitzuteilen. Immer wieder befällt mich die Sehnsucht, mich jemandem zu offenbaren – in der Hoffnung, es werde dann alles ein bisschen erträglicher. Aus anderen Krisensituationen weiß ich sehr genau, wie hilfreich es sein kann, sich mit seinen Gedanken einem Vertrauten mitzuteilen. So ging es mir zum Beispiel nach der Trennung von meiner Frau. Ich habe mit Freunden über vieles gesprochen, was mich beschäftigte. Oder als ich damals zum Therapeuten gegangen bin, jeden Mittwochmorgen um acht, und mich auf seine Couch gelegt und erzählt habe.

Fünfzig Minuten erzählt von dem, was ich erlebt hatte, was es mit mir machte und wie es mich forderte. Das tat gut. Es hat mir sehr geholfen, all das mit jemandem zu teilen, was mir so sehr auf der Seele lastete. Dabei hat der Therapeut gar nichts gemacht. Er hat mir einfach zugehört.

Über meine Höllenfahrt im Job habe ich fast nur geschwiegen und tue es noch immer. Manchmal, in seltenen offenen Momenten, habe ich Freundinnen, meinen besten Freunden und meinen Eltern gegenüber mal zaghaft etwas angedeutet. Ich glaube, ich habe sie damit geschockt. Jedenfalls haben sie mir dringend geraten, vom Gas zu gehen, und haben versucht, mir Wege aufzuzeigen, wie ich mich entlasten könne. Zum Beispiel, in dem ich viel mehr delegiere, mir weniger Projekte aufhalse, mir nicht alles so sehr zu Herzen nehme. Damit hatten sie recht, und es hört sich auch ganz simpel an. Je nachdem, wie sehr ich gerade unter Druck stand, habe ich mir entweder vorgenommen, bei Gelegenheit einem der Ratschläge zu folgen, oder ich habe das Gespräch abgebrochen. Mit der Bemerkung, dass es alles nicht so einfach sei und ich die Dinge schon geregelt bekäme. In Wahrheit macht mich die Vorstellung geradezu verrückt, meine Ent-Stressung organisieren zu müssen. Obwohl es der Entlastung dienen soll, bedeutet es zunächst wieder einmal Arbeit. Davon hatte ich schon mehr als genug. Allein das Gespräch über den Stress stresst mich schon wieder. Ich will und kann darüber nicht reden und nachdenken, schon gar nicht nach Feierabend. Das wiederum ist aber das einzige winzige Zeitfenster, in dem sich überhaupt die Möglichkeit ergeben könnte, mit Freunden mal ein offenes Wort zu sprechen. Ein Teufelskreis.

Ich habe lange Zeit nicht verstanden, warum ich sofort auf Abwehr schalte, wenn mir jemand wohlwollend konstruktive Lösungswege skizziert. Irgendwann beobachtete ich bei einem Kollegen vom Fernsehen, der oft einen enorm gestressten Eindruck macht, ein ähnliches Verhalten. Ich hatte gerade Urlaub oder ein paar freie Tage und war mit dem Kollegen zum Mittagessen verabredet. Ich war relativ gelassen. Seine Kurzatmigkeit erschreckte mich. Er konnte sich mit keiner Projektidee, die in irgendeiner Weise Arbeit und damit Zeit verlangt hätte, länger als für einen kurzen Moment beschäftigen. Ich sprach ihn darauf an und machte ihm einen konkreten Vorschlag, wie er sich mit Hilfe einer fachlich kompetenten Assistenz ein wenig freischwimmen könnte. Der TV-Mann wollte davon nichts wissen. Vielmehr: Er konnte meine Hilfe nicht zulassen. Er malte sich aus, wie er die Assistenz einweisen müsste, und sah den Aufwand, den das bedeutete, als Bergmassiv vor sich. Den Blick nach vorn zu richten und zu erkennen, wie sehr ihn diese überschaubare Investition erleichtern würde, war ihm in diesem Moment nicht möglich.

Hat dich der Strudel des täglichen Drucks erst mal erfasst, kreiselst du dem Untergang entgegen. Die rettenden Hände, die sich dir in Form von Einladungen zum Sport oder Wellness, Erkundigungen nach deinem Befinden, sorgenvoller Blicke und Coaching-Angeboten entgegenstrecken, siehst du zwar. Du hast aber dermaßen zu kämpfen, um nicht auf der Stelle zu ersaufen, dass du nicht die Kraft aufzubringen imstande bist, eine der Hände zu ergreifen und dich aus dem Strudel ziehen zu lassen.

Immer wieder erlebe ich Situationen, in denen mir selbst sonnenklar wird, dass meine einzige Chance, in diesem Job dauerhaft zu überleben, darin besteht, mir helfen zu lassen. Gleichzeitig macht mich der Gedanke fertig, jemandem einzugestehen, dass ich Hilfe brauche. In meiner Vorstellung kommt das dem Eingeständnis gleich, den Anforderungen nicht mehr gewachsen zu sein.

Oh, der ist überfordert! Er hat um Hilfe gebeten. Scheint so, als brauche er mal eine Auszeit, vielleicht ist der Job auch nichts für ihn. Vielleicht eine Nummer zu groß.

Ein Eingeständnis von Schwäche. So bewerte ich es für mich. Gleichzeitig verlange ich von jedem Mitarbeiter, dass er sich rechtzeitig meldet, wenn es zu viel wird. In Personalgesprächen sage ich: «Es ist völlig okay, nicht immer alles in der Kürze der Zeit zu schaffen. Es ist aber nicht okay, das dann nicht zu sagen und nicht um Hilfe zu bitten.» Nie würde ich einem geschätzten Redakteur unterstellen, er sei prinzipiell überfordert, nur weil er in einer Recherche feststeckt oder mit einem Text mal nicht klarkommt. Würde er mir das rechtzeitig sagen, ich würde ihn für seine professionelle Einstellung loben und mich bestätigt sehen: Das ist ein richtig Guter!

Für mich selbst jedoch gilt: Ich darf keine Schwäche zeigen. Ich bin Leithammel, ich darf nicht nach dem Weg fragen. Also lehne ich jede Hilfe ab und sage niemandem, dass ich am Stock gehe. Dass ich nicht cool genug bin, um über den Dingen zu stehen, und nicht unabhängig genug, als dass mich der Job nach Feierabend mal gernhaben könne. Ich funktioniere weiter. Und viele denken: Der hat ja alles prima im Griff.

NEW YORK ☆ Dezember 2010

Ich war noch niemals in New York. Es hat sich nie ergeben. Früher hat es mich nicht interessiert, viel eher wäre ich nach Tokio, Moskau, Peking oder Istanbul gereist. Das waren Metropolen, mit denen ich etwas anfangen konnte. Für New York hatte ich keine Gefühle. Dann kam der 11. September.

Ich weiß nicht, warum ich in den folgenden Jahren nie nach New York geflogen bin. Vielleicht, weil ich fast nie sehr viel länger als eine Woche Urlaub am Stück genommen habe. Im Irrglauben, blitzartig auf maximale Entspannung umschalten zu können, ging es dann meist an einen kanarischen Strand.

Neuneinhalb Jahre nach 9/11 ist es so weit. Mein Kumpel Lars, mit dem ich meine Filmriss-Nacht erlebte, ist einer der wenigen, mit denen ich den Kontakt nicht abgebrochen habe. Er wird vierzig und lädt seine besten Freunde zum Feiern am Big Apple ein. Der erste Versuch im April ist gescheitert. Das «Asche-Monster», wie *BILD* den Ausbruch am Island-Vulkan Eyjafjallajökull getauft hatte, zwang uns dazu, zu Hause zu bleiben. Nun also wirklich. Ich spüre, dass es eine ganz besondere Reise wird. Und genau das wird sie. New York begeistert mich, das Tempo, die Vielschichtigkeit, die hunderttausendfach genutzten letzten Chancen Hunderttausender Lebenskünstler packen mich. Wie hier die Menschen ihre Ideen, Projekte und Träume verwirklichen, es voller Mut und Energie einfach drauf ankommen lassen, hab ich noch nirgendwo anders erlebt.

Man müsste mal ... Man sollte mal ... Irgendwann werde ich ... Wir erzählen einander so gern, was wir alles Verwegenes täten, wenn wir nur die Gelegenheit dazu hätten. Die meisten von uns werden es nie tun, weil sie vor lauter Sorge zu scheitern, alles daransetzen werden, dass sich die Gelegenheit für sie niemals ergeben wird. Stattdessen fügen sie sich ihrem Schicksal, folgen weiter dem Trott, aus dem sie in ihren Träumen so gern ausbrechen würden, und bleiben, wenn ihnen kein Wunder widerfährt, ihr Leben lang unzufrieden. Wir sind lieber unzufrieden als wagemutig. Es könnte ja schiefgehen – nicht auszudenken! Wir sind ein Volk von Bedenkenträgern, Angsthasen und Sicherheitsfanatikern. In New York sind viele Menschen anders, dort herrscht ein anderer Spirit. Es ist dieser dynamische Geist, der mich ansteckt. Er empfängt mich am Flughafen, ist mir auf Anhieb sympathisch, von jetzt an folge ich ihm auf Schritt und Tritt auf der Entdeckungstour durch diese grelle Hauptstadt der Welt.

Der Hammer fällt am vierten Tag morgens um halb fünf. Ich kann schon wieder nicht schlafen, der Jetlag hat mich trotz Melatonin-Tabletten böse am Wickel. Ich stehe zum mindestens fünften Mal auf in dieser Nacht, gehe pinkeln, obwohl ich nicht muss, und blicke aus dem Fenster meines kleinen Hotelzimmers im zweiunddreißigsten Stock des *New Yorker* am Madison Square Garden. Aus den Straßenschluchten kreischen zwei Polizeisirenen, eine mehr von links, eine mehr von rechts. Ein Mann krakeelt wirres Zeug von irgendwoher. Überall Lichter, überall Leben. The city that never sleeps. Wie wahr. Geht der Tag gleich los, oder geht er gerade zu Ende? Der Blick auf die Stadt gibt mir keinen Hinweis. Mein Körper fühlt es nicht. Ich müsste auf die Uhr gucken, um sicherzugehen. Ich stehe da, meine Gedanken pulsieren, in mir drin scheint alles auf Vollgas gestellt. Die vierte Nacht fast ohne Schlaf – wie geht das nur? Das macht der Geist dieses Orts. Das ist mein Geist. Ich muss ihm Platz machen, er verlangt es, und ich weiß, dass es richtig ist. Es ist meine Chance. Seinetwegen bin ich hier. Ich bin hierhergekommen, um ihn abzuholen und mitzunehmen. Heim in meine kleine, eingefahrene, unheile Welt.

Das Gefühl, dass ich den falschen Weg gewählt habe, habe ich schon lange. Jetzt habe ich die Karte für eine neue Route. Eine Route in ein neues Leben. Ich bin ganz nüchtern, aber voller Eindrücke, voller Mut und randvoll mit Energie. Mit einem Mal. Zu Hause bin ich kraftlos, jede Stunde Arbeit fällt mir schwer, jede Stunde Alltag zehrt mich aus. Oft bin ich nur noch Schrumpelhaut und brüchige Knochen. Jetzt hier am Fenster mit Blick auf die hunderttausendfach genutzten letzten Chancen bin ich stark.

Ich weiß, ich werde es bleiben. Ich nutze meine Chance. Es wäre vielleicht nicht die letzte, aber es ist eine großartige. Ich weiß, ich werde es tun.

In dieser Nacht fasse ich den Entschluss zu kündigen. So bald wie möglich.

D. ☆ Februar 2011

Ich habe meine Kündigung fest vor Augen. Die Erlösung ist zum Greifen nah. Ich quäle mich durch die letzten Monate eines Redaktionsleiters, der aussteigen wird. Der aber noch mit niemandem darüber sprechen kann, weil er sonst die Kommunikationshoheit über seinen Abgang zu verlieren droht. Das würde es nicht einfacher machen, ich liefe Gefahr, zum Getriebenen zu werden. Das will ich nicht, also schweige ich.

Ich denke weiter nach über meinen Stress und darüber, ob ich nach meinem Ausstieg Tritt finden werde in meinem dann folgenden Leben. *Werde ich wieder normal?*

In diese Gedanken hinein erreicht mich die Nachricht vom Schicksal meines früheren Kollegen D. Drei Jahre älter als ich, zwei Kinder etwa im Alter meines Sohns, ebenfalls getrennt von der Mutter, stellvertretender Ressortleiter. Ich höre, dass D. bereits mehr als ein halbes Jahr nicht mehr in der Redaktion war. Sein Zusammenbruch folgte direkt auf ein Mörderpensum als Blattmacher. Acht Wochen verantwortlicher Dienst, denen schon ein Marathoneinsatz vorausgegangen war. In zwei Monaten hatte er

gerade mal drei freie Tage. Mehrere Großereignisse wie die Fuß-
ball-WM fielen in die Zeit, obendrein musste er mit einer Schmal-
spurbesetzung klarkommen. Nach Jahren massiver Maloche unter
Hochdruck war das das Quäntchen, das noch gefehlt hatte zur
Explosion. Sein Körper gab den Geist auf. Das Horrorszenario:
Herzbeschwerden, plötzlicher Schwächeanfall, Krankenhaus, Not-
aufnahme, Herzstillstand, Reanimation. D. überlebte. Organisch
haben die Ärzte an seinem Herzen keine Schädigungen diagnostiziert, auch seine Blutwerte waren und sind völlig okay. Aber bis
heute ist er körperlich ein Wrack. Seelisch und mental belastet ihn
seine Situation hart. Er kann sich nicht länger als dreißig Sekunden auf den Beinen halten. Schon Duschen ist eine unglaubliche
Anstrengung, Besuch zu empfangen, stellt eine riesige Herausforderung da. D. schmerzt das gesunde Herz, er leidet unter Dauer-
kopfschmerzen. Diagnose nach mehreren Klinikaufenthalten und
einer monatelangen Odyssee von einem Arzt zum nächsten: CFS,
Chronisches Erschöpfungssyndrom. Nerven- und Immunsystem
spielen verrückt. Ursache: Stress.

D. weiß nicht, ob und wann er wieder auf die Beine kommt. Er
ist so sehr am Ende, dass er Arztbesuche nur im Rollstuhl bewerk-
stelligen kann. Als wir vor ein paar Jahren Kollegen waren, haben
wir mit ein paar Jungs aus der Redaktion Fußball gespielt. Wir
haben gefeiert, gelacht, diskutiert, gestöhnt über die Heuschrecke
und die Personalknappheit. Wir waren junge Chefs, wir haben
eine erfolgreiche Zeitung gemacht, wir waren die Anführer eines
phantastischen Teams. D. bekam damals Magenprobleme. Er trank
keinen Alkohol mehr, achtete auf seine Ernährung. Er steckte das
weg, blieb der kritische Geist, als den ich ihn immer geschätzt
hatte. Er meisterte den Spagat zwischen seiner strapaziösen Füh-
rungsrolle im Büro und seiner fordernden Aufgabe als Teilzeitpa-
pa. Ich bewunderte ihn dafür. Er war für seine Kinder immer da,

und wenn es in der Redaktion noch so hoch herging. Der Stress hat D. ruiniert. Vielleicht hat ihn letztlich die emotionale Belastung, das ungerechte Verhältnis von Einsatz und Anerkennung aus der Bahn geworfen.

Ich würde gerne mit D. Kontakt aufnehmen. Ich wage es nicht. Meine Angst hält mich davon ab. Die Konfrontation mit meinem vom Stress fast getöteten früheren Kollegen ist schon in der Vorstellung eine Herausforderung für mich, die ich zu leisten gerade nicht fähig bin. Ich werde das nachholen. Wenn ich raus bin, melde ich mich.

KÜNDIGUNG ☆ April 2011

Heute werde ich mich entlassen. Besser: entlasten. Auf den Tag warte ich seit der Nacht in New York, in der ich am Hotelfenster stand und wusste: Bald passiert's. Vor vier Wochen habe ich den Termin beim Herausgeber gemacht. Es ist Ende April, ein Donnerstag. Als ich morgens um halb neun die Wohnungstür zuziehe, stelle ich mir vor, am späten Abend als freier Mann wiederzukommen. Es wird alles anders sein. *Ich* werde anders sein. Der Gedanke euphorisiert mich, gleichzeitig macht er mich nervös. Ich habe schlecht geschlafen. Habe wahnsinnig geschwitzt. Habe die Bettdecke umgeschlagen, mich wieder zugedeckt, sie zur Seite geschoben, mich wieder zugedeckt. Habe den Fernseher angeschaltet, mich mit Gedankenwirrwarr im Kopf von der nächtlichen Wiederholung irgend so einer Nachmittagsserie berieseln lassen. Beziehungschaos in *Rote Rosen*? Oder was mit hübschen Ärzten? Oder war's so eine kriminelle Proleten-Doku? Hätte jemand den Fernseher ausgeknipst und mich gefragt, ich hätte es nicht beantworten können.

Lieber Kai, ich muss dir etwas sagen … Ich habe vor mich hin gedöst und stumm immer wieder den ersten Satz formuliert. Den Satz, mit dem ich den Herausgeber auf den zweiten Satz vorbereite. Der zweite Satz ist in Stein gemeißelt. *Ich möchte mich selbständig machen.* Ganz einfach, ganz sachlich, ganz banal, keine Schnörkel, kein Pathos. *Lieber Kai, es wird dich jetzt wahrscheinlich überraschen …* Nein, wird's ihn vielleicht gar nicht. *Lieber Kai, ich bin jetzt dreieinhalb Jahre Redaktionsleiter …* Ach, und draußen scheint die Sonne. *Lieber Kai, ich habe mir überlegt, beruflich etwas Neues anzupacken.* Hm. Das wär okay. Irgendwie spielt's auch keine Rolle. Wer weiß, wie er das Gespräch beginnt. Wahrscheinlich denkt er, ich möchte nach Berlin wechseln. Vielleicht hat er sich auch gar keine Gedanken gemacht. Um halb vier bin ich eingeschlafen. Um halb sieben bin ich aufgewacht. Mein Herz donnerte.

Als ich vor die Tür trete, ist es frühlingswarm. Einer der ersten Tage des Jahres, an dem man keinen Mantel braucht. Die Sonne strahlt zwischen zwei Schäfchenwolken hindurch, die weiß und wollig wie Zuckerwatte im hellblauen Himmel hängen. Eine leichte Brise. Ich steige gut gelaunt in meinen Dienstwagen und würde grinsen, wenn ich entspannter wäre. Zwei- oder dreimal hat mich der Fuhrpark-Manager des Verlags in den vergangenen zwei Monaten angerufen. Mein Leasing-Vertrag laufe aus und ich müsse den X3 im Sommer abgeben. Ich solle mich doch entscheiden, welches Modell ich künftig fahren wolle. Er müsse den neuen Wagen bestellen, sonst werde er nicht rechtzeitig geliefert. Jedes Mal habe ich gesagt, ich melde mich. Er tat mir ein bisschen leid, er sorgte sich, dass ich im Sommer ohne Firmenwagen dastünde. Dass das mein größtes Ziel ist, konnte ich ihm natürlich nicht sagen.

Ich fahre in die Redaktion, tauche ab in den dunklen Garagenschlund. Ich fühle mich das erste Mal seit mindestens einem Jahr nicht verschluckt. In meinem Büro bin ich der Erste. Die Sekretärin ist noch nicht da, ich schließe selbst auf, ich hole mir selbst die Zeitungen, eine Flasche Wasser, schenke mir ein Glas ein, krame zwei Baldrian aus der obersten Schublade meines Schubladenrollcontainers und schalte die Wiederholung der NDR-Regionalnachrichten vom Vorabend ein. *Haha, kannste dich schon mal dran gewöhnen, alles wieder selbst zu machen, Alter. Wennste hier raus bist, haste niemanden mehr, der sich morgens um dich kümmert.* Haha, ja gern. Herzlich willkommen in meinem neuen Selbstversorger-Büro!

Ich versuche, Zeitung zu lesen, und kann mich nicht konzentrieren. Ich werde grummelig. Plötzlich ist die Euphorie weg. Jetzt fühle ich mich schwach, habe Angst vor diesem Tag. Verdammt noch mal, warum denn das? Ich habe es doch in der Hand! *Ich* bin derjenige, der gehen will! Was soll denn bitte passieren, schlimmstenfalls? Mir fällt einiges ein: Der Herausgeber könnte mich nicht verstehen, meine Beweggründe nicht nachvollziehen. Vielleicht versteht er meine Kündigung als Liebesentzug, sieht mich von seiner Fahne flüchten. Das wäre schrecklich für mich. Das ist, wie nicht mehr gemocht zu werden.

Als ich mittags am Hamburger Hauptbahnhof in den ICE nach Berlin steige, bin ich etwas relaxter. Ich habe die Wahrscheinlichkeit berechnet, dass mein Chef mich nicht versteht. Sie ist: sehr gering. Er ist ein Mensch mit Knochen, Haut, Haaren, Launen und Gefühlen. Auch wenn das manche, die ihn nicht kennen, anders sehen. Also wird er sich in mich hineinversetzen können. Er liebt Ecken, Kanten, Brüche. Ich habe einen Bruch im Gepäck.

Zweieinhalb Stunden später betrete ich den Verlag und gehe davon aus, dass ich dies das letzte Mal als Redaktionsleiter tue. Ich fahre in den sechzehnten Stock, die Bürochefin begrüßt mich, ich warte im Büro des Herausgebers und gucke auf Berlin. Komische Stadt. Hier in Kreuzberg komme ich mir vor wie irgendwo tief im Osten. Ich war mal in Krakau, da sieht's ähnlich aus. Industriebaracken, zugewucherte Brachflächen, die meisten Häuser schmuddelig beige oder grau, zwischendrin die Errungenschaften des Westens. McDonald's, sanierter Altbau, Apartmenthäuser aus viel Glas, Stahl und farbigen Fassaden. Wenn Hamburger über Berlin sprechen, sagen viele: *Die Stadt ist schon irrsinnig groß. Toll, da für ein paar Tage zu Besuch zu sein – aber da wohnen? Nee!* Ich sage das auch. Wie würde ich mich fühlen, wäre ich gezwungen, nach Berlin zu ziehen? In welchem Stadtteil würde ich leben? Vermutlich würde ich mich auch daran gewöhnen. Obwohl: Die gebürtigen Hamburger unter den *BILD*-Kollegen, die vor ein paar Jahren mit der Bundesredaktion in die Hauptstadt ziehen mussten, würden wohl alle sofort wieder zurückziehen – wenn sie könnten.

Der Herausgeber kommt. Er ist gut drauf, er ist freundlich, er wirkt interessiert. Das erleichtert mich sehr, sehr. Er fragt, wie es mir geht, und ich komme mit der Antwort gleich zur Sache.

«Danke, es geht mir gut, und damit es mir noch bessergeht, habe ich mich für eine berufliche Zäsur entschieden. Ich möchte mich selbständig machen.»

Ich spreche die beiden Sätze ganz bewusst, jedes einzelne Wort, jede Silbe macht mir Spaß. Es ist der Moment, auf den ich so lange hingelitten habe. Jetzt bin ich am Ziel. Ich genieße den Zieleinlauf, es fühlt sich phantastisch an. So, als würde ich von einem unglaublichen Scoop erzählen, von der Exklusivgeschichte des Jahres, die wir an Land gezogen haben. Ich merke, dass ich frei von jedem Zweifel bin. Es ist tausendprozentig richtig, was ich hier gerade mache. Der Herausgeber merkt es auch.

«Echt? Das finde ich super. Nein, ich finde es vor allem schade. Ganz ehrlich: großes, großes Bedauern! Du machst einen tollen

Job, und du weißt, wie wichtig Hamburg für uns ist. Aber du wirst wissen, was du jetzt brauchst, und deshalb: Glückwunsch!»

Wow. Das hätte ich nun wieder nicht von ihm erwartet. Ich berichte von meinem Drang, mich in verschiedenen Projekten ausprobieren zu wollen, mit Ende dreißig die Kraft, die ich noch habe, von der ich aber die vergangenen Jahre auch viel investiert und verloren habe, zu nutzen. Er sagt, er könne das verstehen. Nicht, dass er solche Gedanken nie gehabt hätte, aber einen Schritt raus habe er nie gemacht. Und er unterstütze deshalb jeden, der den Mut habe, aus sicherer Anstellung heraus Unternehmer zu werden.

Mein Chef sagt mir, ich dürfe jederzeit wiederkommen, die Tür stehe mir offen. Ich weiß nicht, was ich sagen soll. Ich sage: «Danke!» Wir vereinbaren, dass ich ihm ein paar Tage Zeit für die Suche nach einem Nachfolger gebe, bevor ich meine Redaktion informiere. Alles klar, kein Problem. Alles, was jetzt kommt, ist mir Latte. Ich merke, dass ich zittere. Vor Erleichterung. Wir verabschieden uns, und ich gehe zu der einzigen eingeweihten Kollegin. Sie beglückwünscht mich. Sie freut sich für mich und ist traurig für sich. Wir haben uns nun nicht mehr lang. Zumindest als Kollegen. Wir rauchen eine Zigarette. Ich zittere schon wieder. Am Bahnhof zittere ich immer noch. Die Ersten, die ich anrufe, sind meine Eltern. Als ich sage, dass es vorbei ist und dass es toll gelaufen ist, kommen mir die Tränen. Es ist der Moment, in dem ich das erste Mal eine Ahnung davon bekomme, wie sehr ich mich erlöst habe.

Ich erinnere die Situation, in der ich mich zuletzt so frei und glücklich gefühlt habe. Es war die Geburt meines Sohns. Das ist fast zwölf Jahre her.

EPILOG

Der letzte Arbeitstag in der Redaktion fühlt sich weit weg an. Gleich nach meinem Ausstieg ging es mir sehr gut. So geht's einem Gefangenen, der seine Strafe abgesessen hat und in die Freiheit entlassen wird, dachte ich. Mein Job kam mir vor wie Strafe, zumindest das vergangene Jahr. Das Urteil hatte ich selbst gesprochen, ich war der Richter, eine Verteidigung war nicht zugelassen. Immerhin war ich Freigänger, offener Vollzug. Morgens musste ich einfahren, abends durfte ich zum Schlafen nach Haus. Bei Knackis ist es andersrum. Jahrelang habe ich den Job, unter dem ich später immer mehr litt, als das Größte angesehen. Bis vor wenigen Jahren hatte ich niemals zu hoffen gewagt, beruflich jemals so viel Verantwortung übertragen zu bekommen. Ich wurde gefördert, unterstützt, meine Chefs waren überzeugt von mir. Habe ich sie enttäuscht? Ich habe Fehler gemacht, ja. Punktuell, nicht grundsätzlich. Ist mir ein Fehler unterlaufen, hat sich darüber vermutlich niemand so geärgert wie ich selbst. Über kleine Fehler habe ich mich einen Tag lang aufgeregt, größere haben mich tagelang umgetrieben, manchmal sogar mehrere Wochen. Ich habe mich verrückt gemacht, konnte mir den Patzer nicht verzeihen. Leute, die mit ihren Fehlern angemessen umzugehen verstehen, bewundere ich. Fehltritte einräumen, sie analysieren, sie zu den Akten legen. Basta. Nicht bei mir. Mich haben Ausrutscher wahnsinnig gemacht. Auch die meiner Mitarbeiter. Weil sie auch meine waren. Dem einen oder anderen hätte ich gern mal gewaltig die Meinung gegeigt. Im letzten Moment habe ich mich immer wieder gezügelt, habe nicht das getan, wonach mir zumute war: getobt, geschrien, die Nerven verloren. Das Runterschlucken meines Ärgers hat mir körperliche Schmerzen bereitet. Mal in den Wald zu gehen oder mich unter eine Bahnbrücke zu stellen und alles rauszubrüllen, hätte mir wahrscheinlich geholfen.

Häufiger Dialog in den ersten Wochen nach meinem Ausstieg:

«Wie geht es dir?»

«Sehr gut. Ich fühle mich befreit, ich lebe ein neues Leben.»

«Das sieht man dir an!»

In dieser Zeit war ich fast euphorisch, jeder Tag fühlte sich an, wie sich als Kind der eigene Geburtstag angefühlt hat. Wie etwas Besonderes, etwas Außergewöhnliches, ein bisschen unwirklich. Das hat sich geändert, die neue Situation hat den Zauber des Neuen verloren. Ich musste einsehen, dass sich die Umstände ändern lassen, von einem auf den anderen Tag alles anders sein kann. Aber ich selbst bin kein anderer. In mir drin ist all das, was ich mir viele, viele Jahre aufgeladen habe.

Drei Monate nach meinem letzten Arbeitstag bei BILD dachte ich, einen Herzinfarkt zu bekommen. Es war ein kühler Samstagnachmittag Anfang Oktober. Ich war mit meinem Sohn beim Einkaufen. An der Supermarktkasse wurde mir unglaublich warm, ich spürte eine enorme Hitze, die in mir aufstieg, und ich spürte leichten Schwindel. Schweißtropfen bildeten sich auf meiner Stirn. Mit Mühe bezahlte ich, packte Joghurt, Milch, Kekse und Gemüse in eine Tüte und griff mir unter die Trainingsjacke, die ich über meinem Hemd trug. Das Shirt war pitschnass geschwitzt. Ich bekam Angst, meinem Sohn sagte ich nichts. Er sollte sich nicht sorgen. Wir gingen schnell nach Hause. Meine Freundin, mit der ich kurz nach meiner Kündigung zusammengekommen war, sah mir sofort an, dass es mir nicht gutging. Das änderte sich auch am nächsten

Tag nicht. «Du siehst schlimm aus!», sagte sie. So fühlte ich mich auch. Kraftlos, ohne jeden Antrieb, in mir drin war plötzlich wieder diese Finsternis, die mich während der Arbeit so oft heimgesucht hatte. Am Montag bin ich zum Arzt. Gesundheitscheck. Blutdruck messen, Brust abhören, Lungentest, Blutabnahme, EKG. Nichts. Der Arzt hat mich zur Magenspiegelung geschickt und zum Lungenröntgen. Eine leichte Magenschleimhautentzündung wurde diagnostiziert, ich bekam Tabletten, das war's. Mein Arzt: «Sie haben hart gearbeitet, waren voller Zweifel, haben ungesund gelebt, Ihre privaten Lebensumstände sind auch nicht gerade einfach. Sie haben sich beruflich verändert, das ist gut. Aber Ihr Körper kommt da so schnell nicht mit. Der holt sich jetzt zurück, was Sie ihm genommen haben, das kann lange dauern. Seien Sie geduldig.»

Mehr als ein Jahr ist inzwischen seit meinem Ausstieg vergangen. Noch immer fühle ich mich unendlich befreit vom täglichen Druck, der mich zerstörte. Meine Selbständigkeit funktioniert. Nur halb so viel Zeit wie früher investiere ich in meinen neuen Job. Ich habe seit langer Zeit wieder eine funktionierende Beziehung. Ich liebe Sonja, seit zwei Monaten sind wir Eltern. Jon ist das pure Glück. Fast hatte ich vergessen, wie die Geburt eines Kinds beseelt. Als vor knapp dreizehn Jahren Samy zur Welt kam, begann ich kurz darauf Karriere zu machen. Nun ist alles anders. Ich muss mir nichts mehr beweisen. Mein Job macht mir Spaß, aber ist nur noch nachrangig in meinem Leben. Erst kommen die Liebe und meine Söhne. Dann meine Eltern, die Familie, Freunde.

An die Arbeit in der Redaktion denke ich kaum noch. Ich träume nur noch selten davon. Bis vor einer Weile war das anders. Die tägliche Belastung und das unterdrückte Bedürfnis nach Ausbruch und Freiheit wirkten viele Monate nach, holten mich vor allem nachts ein.

Warum hast du dich so lange gequält?

Wieso bist du nicht früher ausgestiegen?

Zwei Fragen, die mir immer wieder gestellt werden.

Es musste wohl sein, ich brauchte die Zeit, um mir hundertprozentig sicher zu werden, das Richtige zu tun.

Ist das der tatsächliche Grund? Erst als ich meiner Freundin aus dem Manuskript für dieses Buch vorlese und auch sie mir die Frage stellt, wieso ich nicht früher gekündigt habe, beginne ich, darüber nachzudenken.

Ich habe etwa vier der letzten sieben Jahre im Job das Bedürfnis gespürt, die Reißleine zu ziehen. Die erste Zeit kreisten meine Gedanken nicht so sehr um ein anderes, freies Leben. Das passierte erst später, etwa anderthalb Jahre vor der Kündigung.

Erst dann musste eine Strategie her. Eine Zeitlang überlegte ich, zu kündigen und für einige Monate auf Reisen zu gehen, vom Ersparten zu leben und vor allem: nichts zu machen. Ich verwarf den Gedanken. Ich kenne mich. Nach kurzer Zeit auf Tour hätte mich die Sorge befallen, ohne Zukunftsplan zurückzukehren. Das hätte mich den Trip nicht genießen lassen. Das Dilemma, in dem ich steckte: Ich war mir klar darüber, dass ich möglichst bald aussteigen musste. Aber mir fehlte die Kraft und die Sonne im Herzen, meinen Weg zu skizzieren. Ich fühlte mich ausgelaugt und müde, in mir herrschte emotionale Düsternis. Nicht die besten Voraussetzungen, um sein Leben in neue Bahnen zu lenken.

Der Grund, warum ich so lange brauchte, um das zu tun, was ich in Gedanken längst getan hatte, war Kraftmangel. Mangel an physischer wie psychischer Kraft. Und es war auch der Gedanke an den besten Zeitpunkt aus taktischer Sicht. Ich wollte in einer Phase gehen, in der ich fest im Sattel saß. Meine Entscheidung sollte alle überraschen.

Auch weil ich Bestätigung jahrelang überwiegend aus meiner

Arbeit gezogen habe, bin ich so lange geblieben. Die Bestätigung war teuer erkauft, lange war ich davon ausgegangen, ohne sie noch unglücklicher zu werden. Wir machen uns total abhängig davon, wie wir gesehen werden, wie gut uns andere leiden können. Die Zuneigung unserer Umwelt ist der Antrieb. Spontan fällt mir niemand ein, der anders tickt. Die Leute unterscheiden sich nur im Ausmaß, in dem sie sich abhängig vom Zuspruch der anderen machen. Ich gehöre nicht zu denjenigen, die für alles, was sie tun, anerkannt werden müssen. Die nicht allein sein können, nicht einen Abend, nicht einen Tag am Wochenende. Aber auch ich brauche viel Bestätigung. *Warum bloß? Vielleicht schenke ich mir selbst zu wenig Anerkennung.*

Alle buhlen um die Gunst der Menschen, deren Meinung ihnen was zählt. Das sind am Anfang die Eltern, die Mitschüler, die Clique, bei manchen die Lehrer (die Coolen finden es cooler, von ihnen nicht gemocht zu werden), später sind es Kollegen, bei Frauen die Männer, bei Männer die Frauen, und immer sind es die Chefs. Wie unsere Gesellschaft wohl wäre, wären wir alle selbstbewusster? Selbstbewusst im Wortsinne. Uns unserer Selbst bewusst. Ich bin darin nicht gut, ich nehme mir aber immer wieder vor, es zu lernen. Ich möchte unabhängig sein.

Die Finsternis, die mein Stress mir jahrelang bescherte, hat wenig damit zu tun, dass ich bei Europas größter Zeitung war. Ich bin mir sicher, dass es mir in ähnlicher Funktion in einem anderen Verlag nicht anders ergangen wäre. Wahrscheinlich wäre es mir sogar in einer ganz anderen Branche passiert. Auf jeden Fall überall dort, wo Tagesaktualität die Agenda bestimmt. Da, wo die Wahrscheinlichkeit hoch ist, dass genau der Tag hektisch wird, der noch morgens locker zu werden versprach.

Der Antrieb ist bei allen gleich, egal, ob Chef oder Azubi: Jeder will geliebt werden, fachlich anerkannt, menschlich geschätzt, und er will im Team eine wichtige Rolle spielen. Gerade Führungskräfte haben oftmals ein ausgeprägtes Bedürfnis nach Zuspruch.

Ich würde derzeit nicht für das doppelte Gehalt zurück auf meinen Posten gehen. Was ich erlebt habe, möchte ich nicht missen. Ich möchte es aber auch nicht noch mal erleben. Nicht so zumindest. Noch einmal so, und ich sterbe, bevor ich sechzig werde. Die unaufhörlich mahlende Boulevardmühle würde mich zerdrücken. Ich liebe Extreme, ich suche mir gern Herausforderungen. *BILD* war eine extreme Herausforderung. Ihr habe ich mich gestellt, das habe ich nie bereut. Aber ich fühle mich freier, echter, lebendiger, seit ich gekündigt habe.

Mein Ausstieg aus dem Hochleistungsjob bei voller Fahrt ist einer der größten Brüche in meinem Leben. Mehr als fünfzehn Jahre ging es rasant nach vorn. Lange dachte ich, es müsse so sein, ich sollte dankbar sein, diese Karriere machen zu können. Tatsächlich habe ich viel mehr erreicht, als ich es auch nur ansatzweise vermutet hätte, als ich 1996 in der Hamburger Provinz auf meine erste Recherche zur Schließung der Rettungswache geschickt wurde. Allerdings habe ich mir meine Erfolge hart erarbeitet und teuer bezahlt.

In Amerika und Westeuropa, das haben Untersuchungen gezeigt, bezeichnen sich mittlerweile mehr als zwei Drittel der arbeitenden Bevölkerung als gestresst, Tendenz steigend. Die Behandlung stressbedingter Krankheiten wie Depression oder Herzinfarkt verursacht Folgekosten für die Krankenkassen in Milliardenhöhe. Der volkswirtschaftliche Schaden durch Ausfälle ausgebrannter Erwerbstätiger soll allein in den USA mehrere hundert Milliarden Dollar betragen.

Bei uns gilt heute derjenige als idealer Mitarbeiter, der immer zur Verfügung steht, der nie krank ist, der am besten keine Kinder hat, der auch keine Kinder will, der alles Private hintanstellt.

Gefördert und befördert werden Arbeitsmaschinen. Von denen überdrehen zu viele, laufen heiß, fallen aus und müssen ersetzt werden. Das ist schlecht fürs Unternehmen und schlimm für den Mitarbeiter. Die Entwicklung ist ein gesellschaftliches Problem. Uns mangelt es an Respekt vor dem Bedürfnis nach Ausgleich, Grenzen, privaten Ruhezonen, zu denen die Firma keinen Zutritt hat. Wer sich nur noch mit Kollegen, seinem Unternehmen und dessen Produkt oder Dienstleistung beschäftigt, glaubt irgendwann, dies sei der Nabel der Welt, nichts anderes zähle mehr.

Die Gestressten erlauben sich keine Auszeit, sie empfinden das als Betrug an ihrem Job. Sie glauben, sie würden den Erwartungen in dem Moment nicht gerecht, in dem sie sich vorsätzlich mit etwas anderem beschäftigen als mit beruflichen Themen. Sich einen frühen Feierabend zu organisieren, um mit Freunden ins Kino zu gehen, ist für sie wie Fremdgehen in einer Beziehung. Und wenn sie sich dennoch mal hinreißen lassen, weil das Bedürfnis nach Ausbruch sich absolut nicht mehr unterdrücken lässt, haben sie dabei ein schrecklich schlechtes Gewissen. Sie werden es deshalb nicht so schnell wieder tun.

Die Stressresistenten hingegen schaffen es scheinbar spielend, den Anspruch ihrer dienstlichen Aufgaben ordentlich zu erfüllen und ihrem Bedürfnis nach Leichtigkeit gleichermaßen gerecht zu werden. Die genehmigen sich den Gegenpol. Sie sagen: Gehe ich nicht dreimal die Woche ins Fitness-Studio, werde ich im Büro unausstehlich. Oder: Sehe ich eine Woche lang meine beste Freundin nicht, um über unsere Alltagsprobleme zu reden, bin ich im Job nicht mehr so belastbar. Sie wissen, dass ihre Leistung abnimmt, wenn sie sich nicht um einen regelmäßigen Ausgleich kümmern. Die Gestressten wissen das auch, aber sie haben sich angewöhnt, das Verlangen nach Balance in ihrem Leben kleinzuhalten. Sie sind Meister darin, das Verlangen zu unterdrücken, es zu ignorieren, es sofort zurück in seine Höhle zu jagen, wenn es wagt, sich zu zeigen. Erst wenn sie doch mal Abstand gewinnen, merken die Betroffenen, wie klein ihre Welt auf einmal geworden ist. Das für unaufschiebbar und wichtiger als alles andere Geglaubte relativiert sich.

Stress zu haben, ständig erreichbar sein zu müssen, bis in die Puppen im Büro zu hängen, gilt als Zeichen für Erfolg. Ich habe mir dieses Zeichen jahrelang stolz ans Revers geheftet. Ich fand es unglaublich lässig, mehr als jeder andere in meinem Freundeskreis unter Strom zu stehen. Es spricht nicht für unsere Zeit, dass ich nie negativ darauf angesprochen wurde. Denn in Wahrheit hatte ich mich selbst gebrandmarkt: Ich missachtete das wirklich Wichtige im Leben, enttäuschte damit andere und beschädigte mich selbst, weil ich meinen Job über alles stellte.

Manchmal verblüfft es mich noch heute, die lange beschrittene Route abgebrochen und eine andere gewählt zu haben. Hatte ich mir das lange, lange doch selbst nicht zugetraut.

Ich wünsche einigen Menschen, die ich kennengelernt habe, dass auch sie sich mehr Brüche, Ecken und Kanten genehmigen würden und sich toleranter gegenüber Lebenswegen zeigten, die nicht immer nur geradeaus verlaufen oder allgemeinen Erwartungen entsprechen.

Das Ungewöhnliche wie das Gewöhnliche zu akzeptieren, sollte unser Ziel sein. Auszeiten, Nicht-Erreichbarkeit und Freizeit dürfen wir nicht als Luxus, sondern als Notwendigkeit für lange Lebensdauer im Job ansehen. Der Anteil leistungsfähiger und doch ausgeglichener Menschen in unserer Gesellschaft wäre weitaus höher.